小泉 基

わかちあいの食卓

熊本地震・教会避難所45日

かんよう出版

あの夜も咲いていた

二年前の四月一七日の夜。教会前のベンチに腰をかけた。前々日の前震から前日未明の大揺れ。被害の確認と避難所の開設。水と食糧の確保。関係各所への連絡。ＳＮＳによる情報発信。繰り返される余震。週報の作成と礼拝の準備。ほとんど寝る間もなかったまる三日間を過ごして、もうからだは全身ゴムのようにクタクタになっていたけれど、アタマのほうは、次々と考えねばならないこと、動かねばならないことのリストを更新し続けていた。この日の朝になって、ようやく水道が復旧。夜になって待ちわびた外部からの支援が到着し、教会避難所の運営になんとか目処が立ちつつあった。

タバコを吸いに外に出た友人につきあって、電車通り側のベンチに腰を下ろすと、健軍教会のシンボルツリーといってもいいであろうハナミズキの花が、夜空いっぱいに、うす桃色の花をひろげていた。健軍教会に赴任してからも、あまり気にもとめていなかったのだが、夜でも咲いているんだなぁ、とあたりまえのことを考えた。そういえば、咲き誇っていた花木に目がとまり、この花をカメラに収めたのは一四日の夕方。ちょうど前震の発生する数時間前のことであった。

この春、毎年地震の季節に花をつけるこのハナミズキの木に、思い立ってライトアップをはじめてみた。花は、昼間だれかが眺めたり、写真に収めたりするような時間でも、また真夜中、誰も人通りの無いような時間でも、変わらずそこに咲いている。キリストの愛というものも、きっとそのようなものなのだ。ところで、ハナミズキの花と見えるのはじつは花ではなくて、ソウホウ片と呼ばれる、葉っぱの一部なのだそうだ。本当の花は、そのソウホウ片の真ん中に密集して咲いている緑色の王冠状の部分で、これはキリストの茨冠にもたとえられてきたという。きっとこの先、ハナミズキが咲くたびに、地震のあの夜を思い出す。キリストの茨冠とともに。

健軍教会月報「新生」二〇一八年四月号より

ライトアップされたハナミズキ

目次

本文中の聖書引用には、
新共同訳を用いました。

一章　湖畔の食卓　―はじまりの朝

「さあ、来て、朝の食事をしなさい」ヨハネ21・12

湖畔のベンチにて

市民の憩いの地である江津湖公園のちょっと特別なベンチに座って、妻とわたしは近くで買ってきたお弁当をひろげました。熊本の四月は初夏の陽気です。ハナミズキはピンク色の花を空にひろげ、湖面の水鳥はゆっくりと水中の小魚をまさぐっていました。このベンチが特別なのは、そこに座ると隣の動物園のキリンを眺めることが出来るからです。うららかな公園のベンチで食べるお弁当は、どんな素敵なレストランのランチコースもかなわない。これは贅沢なご馳走だと妻が笑いました。

公園の食卓での話題は、今しがた病室を見舞ってきたAさんの手術のことへと移りました。AさんとBさんは、ともに眼に障がいをもつ教会の高齢者姉妹です。姉で弱視のAさんが、全盲の妹であるBさんのお世話をしながら、なんとか支えあい、ふたりで生活してこられました。けれども九二歳になられたAさんの方もほとんど眼がみえなくなり、Aさんは妹の世話のためにと、一念発起して白内障の手術を受けることにされたのです。留守番をする妹のための準備をなんとか整えて市民病院に入院なさったAさんは、その朝、無事に手術を終えられたばかりでした。わたしたちはベンチでキリンを眺めながら、Aさんの自立への意志の強さについてしばらく語りあいました。初夏の風が湖面をわたっていきます。美味しくお弁当を食べ終えたわたしたちは、贅沢な青空レストランを後にしました。

この日、湖畔のベンチからキリンを眺めた

春の宴を大揺れが襲う

夕方から、わたしは繁華街に出かけました。チャプレンを務めている福祉施設の職員たちと新人歓迎の食卓を囲むためです。ストレスの多い職場で働いている若者たちの苦労話を聞かせてもらいながらの楽しい宴席でした。にぎやかな一次会が終了し、なじみのお店に移動して二次会の乾杯をした瞬間に、ぐるんぐるんと大きな揺れがやってきました。戸棚のボトルやテーブルのグラスが床に落ちて砕け散り、若い女子職員が悲鳴を上げて立ち上がります。動揺する若い職員達を落ちつかせようと、「まぁまぁみんな、いったんすわって少し落ちつこう」と声をかけましたが、明らかにピントがずれていました。園長の「いや、帰ろう！」というひと言で我に返りました。そして園へと向かう職員たちと別れ、タクシーをつかまえて教会へと急いだのです。

すぐにわかったことは、熊本市内でも西部に位置する繁華街よりも、益城町と隣りあう教会近隣の方がはるかに被害が大きいということでした。教会の駐車場が避難所に移動するための集合場所とされていたため、すでに近所の方々が教会に集まっておられました。教会内は、あちこち物が散乱してひどい状況でしたが、さいわい建物の構造はしっかりしています。さっそく近所の方々には集会室に入って休んでいただくことにしました。けれども気になったのは、アパートでひとりで留守番しておられるBさんのことです。教会に入られた避難者さんの対応を妻に任せて、今度はBさんのアパートへと急ぎました。

「大きな揺れが来たと思ったら、いろいろ物が床に落ちて、勝手にテレビのスイッチがついて、なんだかワアワアしゃべっていたわ」。意外に落ちついておられたBさんを無事に保護して、一緒に教会にとって返します。教会の集会室に入っていただいた近所の方々や、集まってこられた教会員の方々を併せて一〇数名。夜も遅かったので、そのまま集会室や礼拝堂でお休みいただくことにしました。翌日の片付けの大変さを思ってちょっとぞっとしながらも、こんな緊急事態の中で、教会に出来ることとはなんだろうかと思いをめぐらしながら、明け方近くにようやく布団へと潜り込みました。

さて、教会は何を？

明けて一五日は慌ただしく過ぎていきました。幸い教会の建物にはほとんど被害はなく、ライフラインも問題ありませんでした。そこで教会の玄関に「避難できます」と貼り紙をしました。それから、教会が関係する施設や幼稚園の様子を見て廻ったところ、益城町の二つの児童施設で断水が起き、調理場が途方に暮れています。よし役割がある、とばかりにホームセンターで人が入れるほどの大きなポリバケツを二つ購入し、施設に水を運びました。次は教会役員さんと分担して会員の方々の安否確認です。百名を越える会員さんたちの中には、自宅に被害があった方もおられましたが、幸いにしてみなさん元気なことがわかってほっとしました。その日は金曜日でしたから、もう週末に向けて礼拝の準備をしなければなりません。そこで深夜までかかって、あらゆる物が落下して本と書類の海になってしまった牧師室を、なんとか仕事が出来る程度にまで整えました。昨夜避難してこられた方々の状況はさまざまで、なんとか自宅を片付けて家に戻られる方もありましたが、自宅が寝泊まりできる状況でない方にはもうひと晩教会でお休みいただくことにしました。

みなが寝静まった夜半過ぎ、わたしは片付けが終わった牧師室で日曜日の礼拝のための週報をつくりはじめました。前夜からはじまった大変な一日。頭は興奮状態にありましたが、深夜のデスクワークはいつものこと。パソコンにむかってルーティーンにしている週報の仕事に手をつけると、これからすべてが日常に戻っていくように思えて、少し心が落ちつくようでした。

本震―夜明けの駐車場で

四月一六日午前一時二五分。ゆっさゆっさ。はじめは、ちょっと大きめの余震が来たのだと思いました。前夜の地震も震度七でしたが、わたしは市西部にいてそこまで大きな揺れを経験していません。週報を作る手を止め、背中側にある本棚を手で押さえようと後ろを振り向いた瞬間、ドオーンという音とともに突き上げるような巨大な揺れに襲われました。地震の後は少しずつ小さな余震が続いていくとしか思っていませんでしたから、誰もが不意を突かれた、前夜より大きな震度七でした。しかしそんなことを改めて考えてみる余裕もありません。自分自身を含めて、その場にあるすべてのものが吹っ飛びました。まさに、それまでの生活のすべてが吹っ飛んでしまうかのような、新しい事態の始まりでした。

何度も襲う余震に震え朝を待つ

心臓をわしづかみにされるような恐怖と不安のただ中で、家族に声をかけ、這い出すようにして肌寒い駐車場に避難しました。倉庫からひっぱり出してきたブルーシートの上で、教会に避難しておられた方々とラジオの災害放送を聴き続けました。細切れに報告される地震情報はどれも恐ろしく、被害には想像を超える拡がりがあるようでした。ただ、どれだけ聞き続けても自分たちがどんな状況にいるのかちっとも理解できませんでした。繰り返し襲ってくる余震の合間を縫って建物に入り、毛布やキャンプ用のランタンを引っ張り出し、高齢の方々の居場所をつくりました。そこには、半壊状態のアパートから教会に避難してきた八五才になるBさんの姿もありました。ラジオが倒壊の危機にあると告げているのは、Aさんが入院しておられる市民病院です。教会のはす向かいのアパートから車イスでお舅さんを退避させてきた女性が、恐ろしさのあまり過呼吸に陥って口をパクつかせています。やはり教会に避難してこられた道向こうの病院のお医者さまが彼女のケアにあたります。スマートフォンは繰り返し大音量で気味の悪いアラート音を鳴らし続けます。「どうしよう、どうなるだろう…」。一九年前に経験した阪神淡路大震災のときの神戸の街が思い出されました。これから長い被災地でのあゆみがはじまっていくのだと覚悟しました。

夜明けを迎えた駐車場で、わたしたちに食事の準備をしてくださったのは教会の女性会の方々でした。長く恐ろしい夜が明け、ようやく朝を迎えたときに「何はなくともまず朝ごはん！」と食卓の準備に向かう。そういう強さを、この教会の女性会の方々は持ちあわせていました。ペットボトルの水とお米と味噌、それにありあわせの乾物。駐車場にひっぱりだされた教会の長テーブルに、あっというまに温かいおにぎりとお味噌汁が並びました。この食卓を囲んだのは、教会の駐車場に避難してこられ、寒さの中で共に夜を明かしたご近所さんと信徒さんたち二〇人ほど。なんと声をかけあって良いかもわからない思いで、ぎこちなく自己紹介をしあいながら朝ごはんのテーブルを囲みました。

間違いなく人生で一番怖しい夜を経験し、それでもそこに整えられた食卓を前にして、心の底からひとつの祈りがわき上がってきました。恐れと不安のただ中にあって「わたしを苦しめる者を前にしても、あなたはわたしに食卓を整えてくださる」（詩編23・5）、という神さまへの感謝の想いでした。こんなに恐ろしい事態のただ中にあっても、神さまはわたしたちに温かい食事と、そしてともに食事をわかちあう仲間を与えてくださる。その場に集っていた方々にことわって、神さまへの感謝の祈りを捧げました。わたしたちの食卓は、こんなふうにしてあの朝はじまっていったのです。その情景はわたしに、ガリラヤ湖畔でのイエスさまと弟子たちの朝食の様子を思い起こさせました。

朝の食事をしなさい

あの朝、弟子たちもまたくたびれ果てていました。夜通し網を打って働いたのに、小魚一匹つかまえることができなかったのです。自信を失った弟子たちを、将来への漠然とした不安が覆っていました。へとへとになって舟を岸に寄せたとき、岸にいた人物の指示によって、舟は魚で溢れかえることになりました。ようやく訪れた朝の光の中で、弟子たちは食事のことまで考えが及びません。この弟子たちのために朝ごはんを準備なさったのはイエスさまでした。「さあ、来て、朝の食事をしなさい」。静かな朝もやの中に、湖畔で食卓をかこむイエスさまと弟子たちの姿がありました（ヨハネ21・1－14）。
どれだけ疲れていても、どれだけ不安のただ中にいても、わたしたちには食事が必要です。それが、木漏れ日の中でいただくコンビニエンスストアのお弁当であっても、ガリラヤの岸辺に準備された焼き魚であっても、駐車場の長机に並べられたおにぎりとお味噌汁であっても、この備えられた食卓がわたしたちを生かすのです。そしてその食卓には、ともに食卓をかこむ仲間があたえられています。ひとつの食卓をわかちあう隣人の存在が、わたしたちに力を与えます。そこに、どんな状況にあっても「わたしに食卓を整えてくださる」神さまへの感謝が生まれてくるのです。

入院患者を引き取りに来て欲しいと市民病院から連絡が入ったのは、その日の午前のことでした。教会員さんがクルマを走らせてくださり、Aさんを教会につれてきてくださいました。それぞれに怖ろしい夜をすごされたAさんとBさんは、文字通り涙を流して抱き合い、再会を喜びあいました。ふたりのアパートには赤い紙が貼り付けられ、居住不能が宣告されました。住むところを失ったおふたりの、新たな住まいを求める避難生活のはじまりでした。

春野菜のマヨ和え
おにぎり、みそ汁

最初期、少ない食材を切り詰めてなんとか人数分の食卓を賄った

二章　最後の晩餐をめぐって　―祝福された食卓

「あなたがたは、わたしの国でわたしの食事の席に着」く。ルカ22・30

もうひとつの食卓

ひとつの出来事に含まれるふたつの側面が、それぞれ違った方向に発展してふたつの伝統を形作ることがあります。キリスト教の歴史における最後の晩餐の食卓も、そのような出来事でした。ご自身が逮捕される夜のこと、イエスさまは弟子たちと共に食卓をかこみ、パンとぶどう酒をわかちあわれました。この食卓は、後に「パン裂き」と呼ばれるようになりました。この食卓のひとつの側面は、「感謝の食卓」（ユーカリスト）と呼ばれ、キリスト教の礼拝の核となる聖餐式に発展していきます。そしてもうひとつの伝統は「愛餐」（アガペーミール）と呼ばれます。これは、困窮している人たちと食べ物をわかちあう、キリスト教の隣人愛の伝統を形づくりました。教会において行われる礼拝とさまざまな奉仕活動とは、もともとはひとつの食卓から出発したのです。そのことを覚えて、聖餐式のパンとぶどう酒を信徒でない人たちともわかちあうようになった教会があります。一方で、ルーテル教会のような伝統を重んじる教会は、この違いを大切にうけとめます。そのため歴史的なあり方を変えることを好まないのです。

けれどもあの駐車場での朝食の次の朝、わたしはこのキリスト教の伝統をめぐって、忘れ難いもうひとつの食卓を経験しました。

玄関に「避難できます」の貼り紙を貼る

その日は日曜日でした。被災地となった熊本では、礼拝堂の被害や余震の恐れもあって、ほとんどの教会が会堂での礼拝を断念しました。けれども健軍教会は建物自体に大きな被害がありません。そこで予定通り一〇時半から日曜日の礼拝を行うことにしました。とはいえ教会員の方々も家の片付けや避難の準備に忙しくしておられます。礼拝に来られる方は多くはないだろうと思われました。それでも逆に、このような時だからこそ祈りたい、み言葉に与りたいという方もおられるに違いない。そしてこのような時だからこそ、牧師は沈黙してはならない。み言葉を伝えねばならないという思いもありました。

教会の玄関に「避難できます」という貼り紙をしたのが二日前、前震の翌朝のことでした。その日の深夜に本震が発生して駐車場で夜明かしをすることになりました。ですから二晩続けてほとんど寝る間はありませんでした。それでも教会二階の牧師室になんとか小さなスペースを確保して、翌日の説教の準備をはじめました。部屋の中はすべてのものが無残にひっくり返ったまま。仕事用のパソコンも、再び床に広がってしまった本の海に埋もれてしまっています。しばらくひとりで祈りの時をすごし、そして語るべき言葉を待ちました。牧師になって初めて、ペンと白い紙で説教原稿に取り組みました。階下のホールには数十人の避難者さんたちが落ちつかない夜を過ごしておられます。布団はまったく足りませんし、余震が来るたびに階下からくぐもったどよめきが聞こえます。それでも、頑丈な建物の中にいるということだけではない、どこか不思議な安心を感じられる夜でもありました。

パンがない

翌朝、あわただしく礼拝の準備を整えながら、ひとつの事が気にかかっていました。聖餐式のことです。その日は第三日曜日でしたから、いつもなら礼拝の中で聖餐式が行われます。もし避難者さんたちが礼拝に参加してくださるなら、ほとんどの方にとってははじめての礼拝経験になるでしょう。もしかしたら信徒さんよりも避難者さんの方が多いかもしれない。そのような礼拝で教会員だけを対象にした聖餐式を行うのはよいことだろうか。聖餐式はやらない方がいいかもしれない。いやそれでも出来るなら、こんな時だからこそみ言葉だけでなく聖餐にも与りたい。いま教会で、ともに集って食事をすることのありがたさを心からかみしめている。そんな時だからこそ集われた方々とともに、パンとぶどう酒をわかちあいたい。いろいろな思いが焦点を結ばないままに、わたしの中で行ったり来たりしていました。

とはいえ、もし聖餐式を行うにしても問題がありました。聖餐式に使うパンがないのです。いつも聖餐式用のパンを焼いてくださる信徒さんは被災していますし、代わりにパンを焼いてくださる方がいるとも思えません。そして熊本中が食料品を求めてパニックになっているこの瞬間、パンを売っているお店などどこにもありません。外部からの支援も届かず、数十人の避難者さんが詰めかけて教会の食料庫は早くも底をつきかけています。今夜の晩ごはんの食材にもこと欠いているのです。やはり聖餐式は無理だろうかとあきらめかけたとき、不思議なことが起りました。なんと、パンがあるというのです。これがこの教会避難所の不思議なところでした。ないと思っていたパンがある。けれどもこれがチョコパンなのです。それでいい！

礼拝ではチョコパンがわかちあわれた

この日は、このチョコパンを使って特別な「パン裂き」の礼拝が行われたのでした。

約束の食卓

イエスさまが逮捕される夜。その日も事態は切迫していました。対立していた最高法院の祭司たちは、イエスさまを逮捕するタイミングを見計らっていました。ユダヤの民の祭りである過越祭。人々の民族意識が高まり、支配勢力であるローマへの対抗心が燃え上がる中で、多くの巡礼者たちがエルサレムに集まってきます。街全体を不穏な空気が覆っていました。そんな中イエスさまと十二人の弟子たちは、とある二階屋で食卓を囲んだのです。何かが起こるという不安と期待の入り混じる食事の最中、イエスさまはひとつのパンを手に取ります。そして感謝の祈りを捧げてそのパンを裂き、弟子たちに分け与えて言われました。「これはあなたたちに与えるわたしの体なのです。あなたたちはこれからも、わたしを覚えてこのように食事をしなさい」。「あなたたちは天国で、わたしと一緒に食卓を囲むことになるのだから」（ルカ22章）。それは、十二人の弟子たち、そしてこの最後の晩餐を覚えて食卓をわかちあうすべての人たちと結ばれるイエスさまの約束の言葉でした。

こうしてこの日のチョコパンは、このイエスさまの食卓を記念しつつ、健軍教会の礼拝堂に集ったすべての人たちにわかちあわれたのでした。

チョコパンをわけあう

ところでこのチョコパンは、裏手のアパートに住む避難者のCさんが、たまたまご自宅の台所から拾い出し、教会の台所に持ってきてくださったものでした。実はこのCさん、後のルーテル教会による被災者支援活動の中で、大きな役割を担ってくださることになるのです。けれどもこの時の教会にとっては、まだ名前も知らない、笑顔の素敵な近所のお母さんでしかありませんでした。それがこの日からわずか四ヶ月半の後、Cさんはルーテル教会の支援活動をしょって立つことになります。そんな出会いが用意されていたことなど、この時はまだ知る由もありませんでした。ただ、このCさん家族の台所からやって来たチョコパンによって、この日わたしたちは聖餐式を行うことが出来た。いや正確なことをいうならこれは聖餐式ではありません。教会の礼拝で行われる聖餐式は、礼拝の中の設定辞という言葉によって聖別という手続きがとられます。この聖別のための言葉とパンが一緒にあるときに、このパンと共にキリストがおられる。ルーテル教会ではそのように考えます。そしてそこに教会を通して与えられる特別な恵み、特別なプレゼントがあると信じるのです。ですから聖別されたパンは、それを信じる人にとっては、パンでありながらその中にキリストがおられる特別なパンになります。この聖別の手続きをとらないならば、ルーテル教会はこれを聖餐式とは呼ばないのです。

けれどもあの朝、みんなでチョコパンをわけあった不思議な体験。それをどのように呼ぶかということは、集った人たちにとって大切なことではありません。大切だったのは、そこに集う誰もが礼拝の中でともにみ言葉に与ること。そして同時に、ひとつのパンをわかちあうことだったのです。ですから、この日の礼拝でおこなわれた「パン裂き」は聖餐とは呼ばれません。思いがけずひとつの食卓をわかちあうことになった避難者さんと教会員さん。そこに集った誰もが互いに仕えあい、困窮の中にある人とパンをわかちあうこと。そこではイエスさまの食卓のもうひとつの伝統を形作った愛餐（アガペーミール）がわかちあわれたのです。いつもの聖餐式の式文は用いられませんでした。キリスト教の礼拝について、その中で聖餐式が行われれてきたことの意味について短い解説が語られました。そして聖餐式ではない愛餐式として、このパンが裂かれることの説明がなされました。こうしてご近所さんも教会員さんも、ひとつの輪になって自分の隣にいる人にチョコパンをちぎって渡したのです。そのパンをともに食べること。そのことによって、自分たちが互いに助けあう存在として隣人のために存在しているのだ、という神さまの祝福を受け取ったのでした。

チョコパンをかこむ食卓。この愛餐は、熊本地震に被災した健軍教会の最初の日曜日に行われました。そしてそれから四〇日も続いていくことになるこの避難所共同体のアイデンティティを形づくったのです。イエスさまの食卓の原点にさかのぼっていくような、祝福された食卓経験でした。

避難所メニューアラカルト②

カニカマ・錦糸卵のぶっかけそうめん
筍と油揚げの含め煮

教会で青年会が販売していて備蓄があった素麺もランチメニューに活用された

三章　五〇〇〇人の給食　―食卓を満たす奇跡

「すべての人が食べて満腹した」マルコ６・42

生きることは食べること

日曜日の朝に、「ないはずのパンがあった」というふしぎな経験をしました。それは、避難所がいろいろな形で助けられていくという出来事の象徴でした。外部からの支援を待ち望む中、外からの支援が到着するまでに二日半の時間がかかりました。それまでの間、教会を頼って避難してこられた数十人の人たちに、どうやって食事を提供していくのか。それが、みずから避難所をはじめてしまった教会にとっての最初の試練でした。そしてそうした壁を越えていく道筋が、すでに避難所のはじまりから示されていたのです。

幸いだったのは、健軍教会がいつも集まって食事をすることを大切にする教会であったことです。そのため教会の台所にはお米、調味料、乾物、缶詰といったある程度の食材が常に備えてありました。だからこそわたしたちは、地震の翌朝から温かい食事をともにすることが出来たのです。そこには、健軍教会の成り立ちから来る特有の事情もありました。健軍教会は、七〇年前に

キャンプ道具も用いて玄関で調理

ラップの敷かれたお皿で戴く中華丼

教会がはじめられた時からずっと、施設とともにあゆむ教会でした。幼稚園、児童養護施設、児童心理治療施設、障がい児入所施設、障がい者支援施設。この五つの施設とともにあゆんできた歴史があり、そして教会員には相当数の元職員が含まれています。そのため女性会は、大勢の食事を作ることに慣れているばかりではなく、弱い立場にある人たちを支援することをあたりまえだとする福祉マインドにあふれていました。隙を見つけては誰とでも一緒にご飯を食べようとする教会。この教会避難所の働きを、こうした背景を持つ女性会の存在なくして語ることは出来ません。〝人が生きることは共に食べることだ〟、とでもいうような食卓への強いこだわりが、この避難所のハードワークを支えていました。

最初の二日半を乗り切ることができた偶発的な出来事がもうひとつありました。本震の翌朝、原付で走っていてたまたまコンビニエンスストアの開店の瞬間に行きあたったことです。開店して五分もすれば店内のすべての食料品が確実になくなってしまうような状況でしたから、これは本当に幸運でした。「ひとりでそんなに買うのか！」という他のお客さんの冷たい視線をあびながら、それでも買えるだけの飲み物や冷凍食品を確保しました。その晩、このコンビニで購入した春雨や冷凍野菜を使った温かい中華丼が避難所の食卓を飾りました。水道はいまだ復旧していませんでしたから、食器には、皿洗い水を節約するためのラップが敷かれていました。それでも炊きたてご飯に熱々の具材がかかった温かい夕食をともにいただくことが出来る喜びを、この避難所の誰もがかみしめていました。

食材がやってきた

けれども、そんな幸運をもってしても、避難所の食卓を守りきるには絶対量が完全に不足しています。冷凍野菜も春雨も、全体状況を考えれば焼け石に水。一回の食事の量を切り詰めながら、どれだけ全員に行きわたるようにその日の食卓を整えていけるのか、あらかじめ準備できる妙案などあるはずがないのです。

ところが、この問題の解決策はまったく予期していなかったところからやってきました。教会に避難しておられたご近所さんたちです。近くにお住まいであった方々は、朝になるとみなさん自宅に片付けに戻られます。そこで多少なりとも家を片付けたり、貴重品や着替えを掘り出したりしながら、その帰りに散乱した台所から食べられそうな食材を探して持ち帰り、誰ともなく教会の台所に提供してくださったのです。「牛乳一パック」「レタス半分と卵四個」「ハムとトマトとエノキ茸」、そして「チョコレートパン！」。あちこちの台所から集められた、わずかずつの寄せ集め食材が教会の台所に積み上がります。女性会の方々が、その時そこにあるものだけを使ってメニューを考え、数十人分の食卓を整えていきます。女性会の方々といっても、みなさん被災者です。それでもガスが出ない、水もない、食材もそろわない、という数多のハードルをものともせずに、毎食被災者さんたちの食卓を整えてくださる。そこには、ある種の執念にも似た、共に食べることへの強いこだわりがあったのでした。その執念とイマジネーション。誰ともなく「健軍教会の台所には魔法使いがいる」といいだしたのもうなづける話でした。

健軍教会の魔法使いたち

みんなのお腹が満たされた

食卓の危機にあって、イエスさまが多くの人たちの空腹を助けられた、という有名な物語があります。ある日のことイエスさまは、人里離れた湖のほとりで、集まってきた大勢の人たちに神さまの話をしておられました。けれどもその日はずいぶん時間がたってしまい、日も傾いて、みんながお腹をすかせてしまうのです。ところがそこは、食べ物を買いに行くお店もないような淋しい所でした。食卓の危機があらわになります。弟子たちの手元にも食料はありません。そもそも自分たちも、食事をする暇もないほどに働きづめだったのです。人は疲れてお腹がすくと機嫌が悪くなります。お腹をすかせた何千人もの人たちと疲れはてているお弟子さんたち。心の余裕もありません。お弟子さんたちはイエスさまに文句を言いますが、イエスさまは「あなたたちがみんなに食べさせてあげなさい」とお命じになります。けれどもどだい無理な話です。弟子たちはおそらく少しむっとしたことでしょう。「わたしたちが二百デナリオンものパンを買って来て、みんなに食べさせるのですか」「わたしたちにはパン五つと魚二匹しかありません」。けれどもイエスさまは、その五つのパンと二匹の魚を受け取ると、それらを裂いて弟子たちに配らせました。するとどういうわけか、みんながそれを食べて満腹になった。そしてさらに食べきれないほどのパンが残った、というのでした。五千人の給食と呼ばれる、イエスさまの最も有名な奇跡物語のひとつです（マルコ6・30－44．ルカ9・10－17）。

もし、四〇人の避難者さんを四五日間養うためにはどれだけの食材が必要か、と問われるならば、「二百デナリオン分のパンでは足りないでしょう」（ヨハネ6・7）、と応えざるを得ません。けれどもそんな窮地に追い込まれても、実際にはわずか五つのパンと二匹の魚によって、避難所の食卓はまかなわれていったのです。それがまさか避難者さんたち自身によってもたらされるとは思ってもみませんでした。ですからこの出来事は、わたしたちにとっての五千人の給食とでもいうような、神さまの働きの不思議さを思わされる奇跡だったのでした。

避難所メニューアラカルト③

春雨と冷凍野菜の中華丼

たまたま購入が適った春雨と冷凍野菜は、その晩すぐに食卓に並んだ

四章　カナの結婚式　―食卓の危機を切りぬける

「この人が何か言いつけたら、そのとおりにしてください」ヨハネ2・5

助け手きたる

待ちに待った外部支援が到着したのは、日曜日の夕方のことでした。熊本のあちこちで橋は落ち、道路が通行止めになって大渋滞が発生しています。そんな熊本に、福岡から長い時間をかけて支援のワゴン車二台が到着したのです。それまでの二日半、なんとか避難所の食卓を守ることができたことにまず安堵しました。そして期待していた物資の到着もさることながら、信頼しあえる仲間と顔をあわせることができたことに、もう一度ほっとしたのです。

木曜夜の前震によって非常事態がスタートし、金曜深夜の本震でそれが深刻化しました。事態を受けてすぐに対応策が協議され、土曜日には福岡の牧師たちを中心にルーテル教会の対策本部が組織されました。すばやく支援の体制が作られたことが、現地のわたしたちにとってどれだけ心強かったかわかりません。幸いルーテル教会には、教派として被災地支援を行ってきた経験がありました。わたし自身もまた、阪神淡路大震災の時に炊き出し班のリーダーとして支援にかか

待ち望んだ支援が届いた

わったことがありました。ですから仲間たちがどのように動いてくれるのか。そして自分たちがどのように支援を受ければよいのか、ということを具体的にイメージすることが出来ました。そこでさっそく必要な物資を書きだして、動き始めたばかりの対策本部に送信しました。被災地で必要とされる物資は日々変化していくのですが、その第一信のメモが残されています。

〈教会避難所で必要な物〉

二リットルサイズのヤカン、一升炊きの電気炊飯器四個、段ボールパネル一〇枚、無洗米、養生テープ、カレールー、やさい類、合い挽きミンチ。

〈被災者さん宅で必要な物〉

ゴム手袋、滑り止め付き軍手、ビニールロープ、ブルーシート、マスク、段ボール箱、カセットコンロ、カセットガス、生理用品、オムツ、おしりふき、カップヌードル。

二台のワゴン車には、これら必要な物資がすべて積み込まれていました。教会避難所ではまず食べることこそが課題であったことがわかります。さらに避難所のキッチンを左右するもうひとつの大きな要素は、なんといってもライフラインです。幸い本震でも電気が止まりませんでしたから、大きなガス釜は使えなくても、電気炊飯器がいくつかあれば代用できます。バザーやキャンプで常用していたカセットコンロも有用でしたし、食材さえ揃えばなんとかキッチンをまわしていくことが出来ました。段ボールパネルと養生テープは、避難者さんたちのプライバシー確保のために必要でした。一方、避難者さんたち自身が最初に必要としたのは、自宅の片付けのための資材と生活自立のための物資でした。支援チームは、市内の物流が完全にストップする中、ほぼ二日に一度の割合で福岡から物資の搬入にあたってくれました。ですから教会で必要な物だけではなく、近所の公民館や公園をまわって、そこに避難しておられる方々が必要としている物資を届けてまわる、ご用聞きの活動も行うことが出来ました。

支援者もともにひとつの食卓を囲む

支援者もかこむ食卓

たとえひとつの教会が災害に遭っても、全国の教会のネットワークによる支援の手がある。その支援の手をあらかじめイメージすることが出来るのが中規模教派であるルーテル教会の利点でした。どんな仲間がどのように動いてくれるのかをだいたい想像することができるのです。ですから今回も、災害発生から二－三日をしのぐことが出来れば、必要な物資はちゃんと届くと信じることができました。そういう信頼があったからこそ避難所の開設と運営に臆する必要がなかったのです。その晩、物資を届けに来てくれた支援者と被災者がいっしょに食卓を囲みました。食卓には、ワゴン車に積まれてきた食材を使った温かいカレーが並びます。満場の拍手によって迎えられた支援チームのメンバーたちは、ちょっと気恥ずかしそうに挨拶しました。避難者さんたちにとっても、外からの支援者が信頼できる仲間になっていくプロセスのはじまりでした。教会で共同生活を始めた四〇人ほどの被災者さんとの食卓に、少しずつ入れ替わりながら、何人ものボランティアさんが加わるようになりました。先の見えない困難な生活の中で、顔が見える仲間がともにいること。その仲間を信頼することが、避難者さんたちに未来を見つめる力を与えたのです。

水問題とその解決

もうひとつ、初期の避難所で大きな問題であったのは水の確保でした。前震の後は水道が生きていましたから、益城町の関係施設に水を運んでいくこともできました。けれども本震後には水道が止まってしまい、いつ復旧するのかまったくわかりません。どんなに食材が揃っても水がなければ調理は出来ません。そして水は台所で使うだけでなく、トイレを流すためにも必要でした。そのため、避難所の数十人が生活するための水を求めて、あちこち走りまわりました。まず支援の申し出をくださったのは関係園であるめぐみ幼稚園の園長さんでした。さらにお隣の健軍クリニックの事務長さんも、避難者さんのために井戸水を使ってほしいと申し出てくださいました。残念ながら地震の後の井戸水は濁っていて、調理のためには使うことが出来ませんでしたが、それでもトイレ用の水を確保できたわけですからずいぶん助かりました。ただ、調理飲料水を確保するためには、健軍水源地まで出かけて給水車の列に並ばなければなりません。長い長い列に数十分ならんで、タンク二つ分の水をもらうことが出来ましたが、数十人分の水としてはいかにも不足しています。それで結局のところ、水道が復旧するまでの数日間、駐車スペースのない健軍水源地まで一五分かけて歩いて行き、数十分並んでタンクに水を汲み、そして重たい水を抱えて帰ってくる。この忍耐力のいる働きを黙々と担ってくださったのも、やはり避難者さんたちご自身だったのです。ですから月曜日の朝に、ようやく水道の蛇口から水が出てきたときには、避難所中から歓声があがりました。ただの水道の水を、これほどまでにありがたいと思ったことはありません。失ってみてはじめて気づかされた、いのちの水をめぐる貴重な経験でした。

給水の順番を待つ長い長い列

恐れと不安のただ中で

危機的な状況を乗り越えてこの避難所にたどり着いた方に、Eさんというお母さんがいました。Eさんは高校一年生の娘さんとの二人暮らし。彼女たちの健軍教会への引っ越しは、真夜中の出来事でした。二人は最初、近くの中学校の体育館に避難したのです。ところがそこで、ある「事件」に遭遇し、やむなく健軍教会に移ってこられたのです。後に詳しく話を聞いたところ、携帯電話の充電に困っていたEさんに、ある人が自分のクルマで充電することを勧めてくれたのだそうです。けれどもすすめられたクルマに入ったEさんは、すぐにその親切な人の不審な行動に気がつきます。Eさんはそうした〝不審〟へのアンテナがとりわけ敏感なのです。理屈の通らない怪しさを察知した彼女は、怖ろしくなってそのクルマから間一髪で逃れたのですが、その結果もうその中学校にいられなくなってしまったのでした。

大きな余震が続き、恐れを誘ういくつものデマも、水たまりの水紋のようにスマホの電波を通じて広がっては消えていく。そうした地震直後の不安な日々の中で、彼女は安心できる避難場所を求めて健軍教会にやってこられたのでした。

そんな経緯で恐る恐る教会にやってこられたEさん。教会避難所でもしばらくは不安そうに、あたりを伺うようにして過ごしておられました。二日ほどしてわたしがひと息ついた頃、ようやくEさんの話をゆっくり聴くことが出来ました。彼女の方から、ここに来ることになった経緯を説明したいと話しに来てくださったのです。

このとき彼女はいろいろな話をしてくれました。前の避難所での怖ろしい体験や、これまでの人生で経験してきたさまざまな不審な体験について。そしてそこからから逃れるために必死で生き抜いてきた日々の話。最後に彼女は、事故で死に別れてしまった夫との大切な思い出についても教えてくださいました。長い時間をかけて、それらのすべてを話し終えた後、彼女が見せてくれたのは、晴れやかな美しい笑顔でした。この避難所での食事のあと、みんなのお皿を洗うために、まず席を立ってくださるのは、いつもこのEさんでした。

避難所の運営が少し落ちつき始めた頃のことです。みなが寝静まった真夜中の食堂で、Eさんがひとり本を読んでおられました。「眠れないのですか？」と聞くと、違うといわれます。彼女は、早起きして長距離通学をする娘さんと朝ごはんを食べるために、毎晩ミステリー小説を友として朝を待っているのです。一度寝てしまうと起きられなくなってしまうから。そういって、Eさんは少し笑われるのでした。

辛い過去やさまざまな生き辛さをかかえこみ、そして未曾有の大地震という危機的状況の中で教会避難所へとたどりついたEさん。彼女も、この避難所での日々を通して笑顔を取り戻していかれたおひとりでした。

信頼によって越えていく

人生で最も大切な場面での食卓の危機が、イエスさまの助けによって切り抜けられた物語があります。イエスさまとそのお弟子さんたち、そしてイエスさまの母マリアは、ナザレからほど近いカナという小さな村の結婚式に出席していました。宴もたけなわとなった頃、給仕係がぶどう酒が足りなくなったことに気づきます。それを察したマリアは、イエスさまにそのことをそっと耳打ちするのです。宴席で来客に出すぶどう酒が足りなくなることは、婚家にとって大失態です。

この話を聞いたイエスさまは、最初は「それはわたしの問題ではありません」と相手になさいませんでした。けれども、マリアのイエスさまへの信頼はゆらぎません。マリアは給仕係に「この人が何か言いつけたら、そのとおりにしてください」と伝えます。するとイエスさまは、そこにあった巨大な水瓶に水を満たすようにと命じられたのです。「忙しい結婚式の給仕の真っ最中に、しかもぶどう酒が足りないという緊急事態への対処を迫られているこの場面で、この男はいったい何をさせようというのか」。きっと給仕係はいぶかしんだことでしょう。けれども水を満たしたその瓶から汲んでみると、その水は極上のぶどう酒に変わっていたのでした。マリアのイエスさまへの信頼と、給仕係のマリアへの信頼が、危機に瀕していた結婚式の食卓を救ったのでした（ヨハネ2・1－12）。

困難に直面して不安に襲われると、わたしたちの周りの人たちへの信頼は揺らぎはじめます。期待しても無駄ではないか。どうせ役に立たないのではないか。信頼に値しないのではないか。そうやって疑心暗鬼になり、自分しか信じられなくなって、そしてその困難な状況のただ中で孤立していくのです。けれどもこの物語は、信頼の大切さを教えています。マリアは、決して放ってはおかれないはずだとイエスさまを信頼し、給仕係は、そんなことに意味があるだろうかと首をかしげながらも、最後まで水瓶を満たす作業を続けたのです。わたしたちは困難に直面するときに、孤立することも出来るし助けあうことも出来る。その選択が、その先の道が切り開かれるかどうかを左右していくのです。

避難所メニューアラカルト④

キャベツときゅうりのサラダ、
もやしのナムル、カレーライス、いちご

福岡からやってきた支援のカレールーが、早速用いられた

五章　敵対者たちとの論争　―違いをこえる食卓

「安息日は、人のために定められた。人が安息日のためにあるのではない」
マルコ２・27

電話問題と新たな助け手

支援物資の到着によって最初の大きな危機を乗り越えた教会避難所でしたが、すぐに新たな問題が発覚します。地震の夜以来、教会の電話がつながらないままになっていたのです。個人の携帯電話がありますから日常的な連絡には不自由しないのですが、外部から教会にアクセスしようとする方々は電話によるコンタクトがとれません。困ったわたしは、本震の翌夜、教会員のFさんに電話をかけることにしました。

地震の一〇年ほど前のこと、Fさんは自ら教会の扉を叩いて信仰生活をはじめられました。そして間もなく洗礼を受けて教会員になられたのです。設備関係の技術者で、小さな電気工事など教会の設備の面でもいろいろと助けてくださる信徒さんでした。電話が故障したといっても、熊本中の電気と電話があちこち不通になっている中、ＮＴＴや設備屋さんがすぐに来てくれるとも思えません。ですから、「明日の朝うかがいまーす」というFさんの返事をもらってほっとしました。この緊急時に、教会の電話もファックスも通じないでは、教会の活動は大きな制約を受けてしまいます。

翌日、朝一番でやってきてくださったFさんの顔を見て、お互いの無事を心から喜びあいました。Fさんが住んでおられた西原村は、今回の震災による被害が最も深刻な地域のひとつだったからです。あちこちの配線をつないだり、確認したりして無事に修理を終えた後、Fさんは西原村の避難所を離れ、教会避難所の住民のひとりとなりました。そして避難所の運営や、避難者さんの自宅の修理など、技術者として被災者支援に奔走してくださるようになりました。

寝室と食堂の分離

こうして、教会の避難所としての体勢は少しずつ整いつつありました。しかし避難所運営の長期化の様相がはっきりしていく中で、教会は新たな決断を迫られていました。本震から三日目を迎えた火曜日の朝、わたしは教会の信徒の代表である代議員さんに大事な相談をしました。健軍教会の建物には二つの大きなスペースがあります。礼拝堂と集会室です。それまでの教会避難所はこれを、信徒の避難者さんたちが礼拝堂、近隣からの避難者さんたちが集会室という具合に分けて使っていたのです。けれども集会室で生活している避難者さんたちにとって、これはとても暮らしにくい生活空間でした。食事の度ごとに自分の就寝・休憩スペースを片付けなければならなかったからです。しかも集会室は教会の玄関に直結していて落ちつかず、プライバシーもないに等しい環境でした。

解決策はわかっていました。礼拝堂を避難者さんたちに開放するのです。礼拝堂を寝室・居住スペース、集会室を食堂・公共スペースというふうに空間の役割を区分する。そうすれば、誰にとっても生活しやすい居住空間になります。けれども一旦それに踏み切れば、避難所が解消するまでもう後戻りは出来ません。つまり日曜日の礼拝を礼拝堂で守れなくなってしまうのです。この避難所運営がいつまで続くのかもわかりません。一旦避難者さんたちを受け入れたからには、この変更をやりきらねばならないという思いと同時に、いくら非常事態とはいえ礼拝に来られる教会員さんたちにそれを強要できるのか。事前に役員会の承認をもらわなければ、事態がこじれたときに責任がとりきれないのではないか。そういう迷いを抱えながら代議員さんに相談を持ちかけたのです。「役員会の招集が必要でしょうか？」と問うわたしに、代議員さんは「先生、それが必要なら今やりましょう。役員会の承認はあとでも大丈夫です」と力強く後押ししてくださいました。よかった、この判断は間違っていないと安堵すると同時に、よい代議員さんや信徒さんたちに支えら

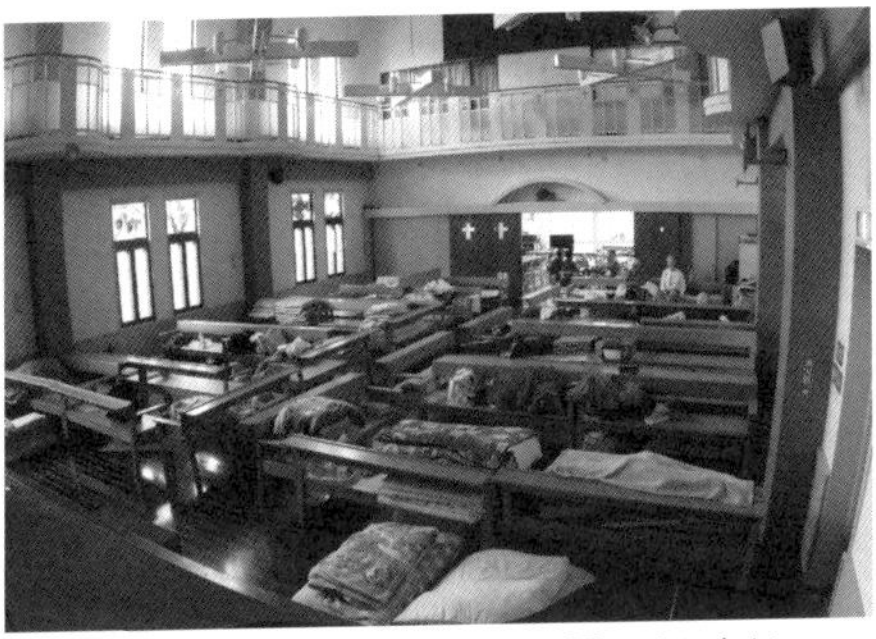

礼拝堂を就寝スペースとして用いることに

れているのだ、という思いが心を温かくしました。やらねばならない。やりきらねばならない。いつまで続くかわからないこの避難所の運営を、終わりまでやりきるのだという覚悟が定まった瞬間でした。

この日の昼食が終わった後、避難者さんと教会員さんたちに話しをしました。頭の中にプランは出来ていました。地域からの避難者さんと教会員の避難者さん。それぞれに家族であったり、同じアパートの住民であったり、日頃から助けあう関係であったり、数人ずつのグループ分けが可能でした。そこで居住スペースとなる礼拝堂を、長いすと段ボールパネルを使って八つ程のブロックに分け、グループごとにそれぞれのブロックに入居してもらう形をとりました。個人にスペースを割り当てるのではなく、グループごとに場所を割り振ったことによって、それぞれのグループに疑似家族的な関係が生まれ（もちろん本当の家族もありましたが）、グループごとに協力しあう関係が生まれていきました。

Fさんの決断と教会の変化

西原村からやってこられたFさんは、当初、駐車場の片隅に停めたご自身のクルマをねぐらにしておられました。そこでしばらく様子を見るように生活され、しばらくして、そっとクルマを出て教会の礼拝堂へと生活の場を移されました。けれどもそれは、Fさんにとって、それなりに覚悟が必要なことでした。Fさんは、セクシュアルマイノリティとしての自覚を持つ方だったたか

らです

それまでにも牧師として個人的に、Ｆさんのセクシュアリティについて、お話しを伺ったことはありました。ただ、Ｆさんは教会ではそのことを公にしておられませんでしたし、お名前も男性風の戸籍名を使っておられたのです。しかし数十人もが寝食をともにする礼拝堂で暮らすとなると、持ち物から服装まで、個人的なプライバシーを確保することはできません。はじめは親しい方々から。そしてしばらくすると、避難所と教会の誰もがＦさんが性的マイノリティであることを理解するようになりました。

礼拝は集会室で行われることになった

キリスト教会は、長いあいだ性的マイノリティに対して厳しい見解をとってきました。聖書の記述などを根拠にして、同性愛者を罪人であると断じてきた歴史があるのです。しかし近年は、そうした聖書箇所も少しずつ新しい解釈によって読み直されるようになってきました。神さまはすべての人の性＝セクシュアリティを祝福してくださっている、という見方にシフトしはじめているのです。とはいえ伝統的な見解を手放さない人たちも少なくありません。そういう意味では健軍教会も、性的マイノリティの人たちについて特別に理解の深い教会だというわけではありませんでした。けれどもＦさんは、この避難所の中

当初は就寝場所を片付けて食事をした

で、みんなと寝食を共にしていく中で、避難者さんとも、教会員さんとも、この場における深い共同性を築いていかれました。その築きあげられた共同性が、Ｆさんの自然なカムアウトを助けたのです。

そしてそのことは、Ｆさんご自身とこの教会の両方を、新しいあゆみへと導くことになりました。ひとつは、Ｆさんが長年告白することのできなかったご両親に、ご自身のことをカムアウトなさったことです。その勇気を与えた力について、Ｆさんは次のように書いておられます。「個々ばらばらで食事を頂く他の避難所とは違いふんだんな会話そしてコミュニケーションを通じて人間同士がつながりあう…」（『あの時わたしは… 健軍ルーテル教会と熊本地震』二〇一七年、五四ページ）。その人間同士のつながりの中で、Ｆさんは勇気を持って、ご両親への告白へと踏み出していかれたのです。

そしてもうひとつの変化は、Ｆさんのカムアウトが招いた教会の変化です。Ｆさんは、震災一年を記念して発行された先述の報告文集の中で、自分は性自認と性的指向があいまいな性的マイノリティであると告白されました。そして教会の中でも戸籍名ではなく、ご自身の新しい名前であるＦを使うようになっていきました。するとそれを受けて教会の役員会でも議論がなされました。その結果、教会の受付名簿の性別欄を廃止すること。教籍簿に記載する名前と性別は本人の希望を優先させること。女性会への登録も性別によるのではなく、本人の希望によること。そのような新しい確認が次々となされていったのです。Fさんが教会の中で勇気を持って扉を開き、ご自身のセクシュアリティを公になさったこと。そのことが、たとえ小さな変化とはいえ、長い歴史を持つ教会を新しい歩みへと導いたのです。そのように人や教会を新しい歩みに導く力の背景に、境界線を越えて人々が集い続けたあの避難所での食卓の豊かさがあったのでした。

こうして集会室を食堂に見立てたことによって、避難所全体の共同性は飛躍的に高まっていきました。信仰も、生活レベルも、国籍も、年令も、障がいの有無も、セクシャリティも異なる多様な人たちがともに暮らす、ハイブリッドな疑似家族が、避難所の食卓を中心として形成されていったのです。

違いを越えていくイエスさまの食卓

聖書の中に、イエスさまと敵対するユダヤ教の指導者たちが「あなたの弟子たちは手を洗わずに食事をしている」といってイエスさまを非難する場面が描かれています（マルコ7・1－15）。厳格なユダヤ教徒は、神さまを信じない外国人はケガレている。だから宗教的な清めの儀式として手を洗うことを行わなければ、食事の時に自分たちまでそのケガレに汚染されてしまうと考えていたのです。そうやって神さまを信じる自分たちと信じない人たちの間にケガレの問題を持ち込み、異なる立場の人たちを自分たちの食卓から排除していました。そして、そのような人を疎外するための規律をあえて無視するイエスさまに対して、聖書の律法をたてに、厳しい批判を繰り返したのです。

こうした排除の論理に対するイエスさまの答えははっきりしています。「外から人の体に入るもので人を汚すことができるものは」何もない（マルコ7・15）。むしろ多様な人たちと食事をともにすることによってこそ、わたしたちは理解しあい、支えあう共同体を育んでいくことができる。イエスさまはそのように語り、それをご自身の身をもって人々に示されました。ですからイエスさまの食卓はいつも、いろいろな背景を持った多くの人たちに開かれた空間でした。イエスさまは、同じ言語、同じ習慣、同じ信仰、同じ民族、同じ性別といった枠組みによって、自分たちだけの偏った居心地の良さに閉じこもることを、はっきりと否定なさったのでした（マルコ2・15－17）。

避難所メニューアラカルト⑤

手作り鶏ハムと
ブロッコリーパン

支援が定期的に入るようになるまで避難所では
パンは貴重品だった

六章　徴税人ザアカイの変化　―癒やし励ます食卓

「人の子は、失われたものを捜して救うために来たのである」ルカ19・10

立ち上がっていく共同体

お昼ごはんの後の少しゆっくりした時間。大人たちが慌ただしくそれぞれの仕事へと散っていった後の避難所の食卓で、子どもたちがトランプあそびに興じていました。学校が休校になってしまった高校生が小学生たちの相手をしてあげている、という格好です。避難所には高校生と小学生、それに幼児さんが生活しています。時間をもてあました小学生がお兄さんからギターを教えてもらっているかと思えば、次の瞬間には、駐車場でのバトミントン対決に歓声があがっています。なかでも可愛らしい幼児さんは避難所のアイドルで、ボランティアさんたちは競って彼女との鬼ごっこに興じました。避難所には子どもたちの声が絶えず、それを見守る高齢の避難者さんたちの顔も、自然にほころんできます。これも、礼拝堂と集会室の役割を分けて、集会室が食堂兼リビングに整えられたことの成果でした。集会室がオープンな役割を果たすことになったので、この食卓では、子どもがトランプをしたり、教会員のお医者さんが避難者さんを問診したり、高齢の避難者さんがケアマネージャーさんと面談をしたりするようになりました。ともすれば自分のスペースに閉じこもりがちな避難者さんたちにとって、この食卓が、ボランティアさんや教会の人たちとの交わりの場として機能するようになったのです。

もともとは、知らないもの同士がなかば無理矢理雑居させられることになった避難生活でした。そんな雑多な人たちが、毎日同じテーブルを囲んで食卓をともにしていきます。最初は、家族や仲の良いグループで固まって食事をしていた避難者さんたちが、大きなテーブルを囲み、初対面の人たちとも隣りあって日々の食事を繰り返す。そのことで相互の関係が深まり、寄せ集めの人の集まりからひとつの共同体が立ち上がっていくのです。

トランプを楽しむ子どもたち

地震発生から間もないこの頃、避難者さんたちが置かれている状況は混沌としていました。数時間おきに繰り返される余震はいつになったら落ちつくのか。隣の家には水が出るのになぜ自分の家は出ないのか。大家は退去しろと言うがなんとか元のアパートに住み続けられないか。仮設住宅はいつ完成して、誰が住むことが出来るのか…。

何もかもわからないことだらけでしたが、はっきりしていたことは、誰もが、将来の見えない大きな不安の中にあったということです。はじめは身内同士でつぶやきあっていたそうした不安が、食卓でわかちあわれることにより全体化されていきます。自分ひとりの心配事ではなく地域全体が抱えている課題なのだと、個人の不安が食卓を通して客観化されていったのです。そして、そんな不安のただ中にあっても、とりあえずの居場所が与えられていること。不安を共有してくれる同じ立場の仲間がいることに慰められていったのです。

力を与えあう食卓

また、しばらくすると健軍教会避難所には多くのボランティアさんたちがやってきて食卓をともにするようになりました。学校等の公的避難所では、避難者と支援者が同じ食卓を囲むことはまずありません。避難者のための食料を支援者が減らしている、という批判もありうるからです。けれども、食卓をともにすることには、そのこと自体によって被災者と支援者という一面的な関係性を乗り越えさせていく力があります。そもそも、教会の近くに住んでいてたまたま避難者となったご近所の方々と、自宅が被災して教会に転がり込んできた教会員の方々では、被災者・支援者といった境界もあいまいです。そこに教会を通した外部からの支援者さんたちが加わります。ボランティアの中には牧師さんたちも少なくありません。食事をしながら自分の心配事を聴いてもらい、聴いてもらったことによって安心し、前にすすむ勇気が湧いてくるのです。

ほどなくして、避難者さんの中から、避難所後の生活を計画する人たちが出てきます。「水道さえ復旧すれば自宅に戻れるのだけれど、業者さんを知らないだろうか」「今日○○不動産に行ってきたが、今ならまだ近くの空き部屋を探せそうだ。でも探すなら早いほうがいい」。そういう身の上話が語りあわれる中で、そういうことなら自分も自宅を修理しよう、アパート探しをしよう、と励まされる人たちが出てくるのです。

食卓での何気ないおしゃべりや情報交換が相乗効果を生み、生活再建への機運を生み出していきました。この頃、公的避難所の食事は、まだパンか冷たいお弁当でした。ほとんどの避難所では、体育館の床に敷いた布団の上で、身内だけで食事をしていたのです。そうした環境では、避難所としての共同性は育ちにくく、結果避難者さんたちは不安を抱えたまま孤立していきます。不安な心は避難者同士のトラブルを誘発させ、避難所運営者への不満を大きくしたことでしょう。そういう意味で、確かに健軍教会避難所の環境は恵まれていました。みんなで食卓について、お茶碗とお箸で温かいごはんを食べる。そこでは教会の避難者さんと地域の避難者さん、さらにボランティアさんたちまで含めた避難所共同体が育っていきます。そしてその恵まれた環境が、「いつまでも教会の温情に甘えていてはいけない」「そろそろ自分も前にすすまなければ」、という避難者さんたちの自立

食卓での語りあいが力を生んだ

の心を育んでいったです。食卓での語りあいを通して得た、癒やしあい励ましあう関係が、不安や恐れを払拭し、避難所後の生活を再建する力に直結していったのでした。

Gさんのポートレート

この地震から一年と少したった二〇一七年五月、市内の教会でひとりの避難者さんの葬儀が行われました。健軍教会避難所の避難者さんであったGさんのお葬式でした。親類と教会関係者が集まったご葬儀には、避難所で生活を共にした仲間たちも駆けつけました。地震で家を失い、みなし仮設住宅のアパートでひとり暮らしをしておられた高齢の被災者さんが亡くなられたわけですから、この世的には「震災孤独死」のひとりに数えられただろうと思います。けれどもGさんは、教会避難所の共同性によって、失っていた人とひととのかかわりを取り戻されたおひとりでした。

Gさんが健軍教会にやってこられたのは地震発生から三日目のことでした。まだ熊本全体が大きなパニックのただ中にあった頃、近隣の同僚牧師から連絡がありました。「県庁に避難したけれども食糧配給の列に並ぶことができずに、三日間なにも食べてない方がおられる。健軍教会で引き受けてもらえないか」という知らせでした。すぐにおいでいただくことになりました。軽度の障がいがあって、人と関係をむすぶのが苦手であったGさんは、教会に来られてからもずっと硬く、厳しい顔をしておられました。声をかければ食事には起きてこられるのですが、他の方々と口をきかれることはありません。いつもひとりで自分の布団に横たわり、険しい顔をして礼拝堂の高い天井を見つめ続けておられるのでした。

ほどなくしてGさんの自宅は、危険家屋と判定され、取り壊しが決まりました。ボランティアさんと家財の搬出にむかったGさんが、自宅から大切に持ち出してこられたのは、わずかばかりの着替え、それにご両親と妹さんの遺影でした。避難所の狭いスペースに持ち込むにはやや扱いづらいとも思えるほどの、大きなお写真であったことが心に残りました。

自立を果たして教会を後にされる方が増えてきて、少しずつ避難所の中が静かになってきた頃のことです。帰る場所を失ったGさんの転居先をどうするのか、ということが避難所の課題として浮上しました。そこでケースワーカーとも相談しながら、支援活動の中で知りあった不動産屋に紹介してもらったいくつかの物件を見てまわりました。なんとかよさそうな物件を見つけ、Gさんと一緒にアパートの内見に出かけました。内装さえ終われば程なく入居が可能だ、という物件に手付金を払った夜のことです。食卓を共にしたGさんは「これでやっとほっとすることができました」と、これまでとはうってかわってとても柔らかい表情をなさったのです。

その日からアパートに引っ越していかれるまでの短い間、Gさんは言葉少なにご自身の来歴を語ってくださるようになりました。運動部の指導で名を馳せた高名なお父さまが教えておられた市内の高等学校に入学したこと。けれども、お父さまが指導なさる部には入らず、別のクラブに入部されたこと。ご両親が亡くなられたあと、長い時間を妹さんとふたりで暮らしてきたこと。

その妹さんも亡くなられたあとは、過去の記憶に浸りながら、ずっとひとりで過ごしてこられたことなどです。そして時にはご自分からわたしたちに話しかけられるなど、以前からは考えられないにこやかな笑顔を見せてくださるようになりました。四〇日近くに及んだ共同生活の後、Gさんはボランティアさんたちの助けを借りて、新居となった新しいアパートへと引っ越していかれました。

それから時々、Gさんのアパートを訪問させてもらうようになりました。時にはアパートを留守にしておられることもあり、後日伺うと、最近はデイケアセンターにも通いはじめたのだ。そのことも楽しんでいると話されるのです。「自分は、妹が亡くなってから、本当に鬱々とした孤独な日々を過ごしてきた。でもあの避難所の生活は楽しかった。おかげで今は、少し落ちついた気持ちで暮らすことができるようになった。だから感謝をしている」。最後にアパートを訪ねたとき、Gさんはゆっくりと、そんなふうに語ってくださいました。

淋しいことにGさんは、一人暮らしのアパートでひっそりと天に召されました。けれどもそのアパートで、Gさんがそれまでの孤独を抜け出して、人とひととのつながりの中を生きておられたのであれば、それは「孤独死」ではなかったのです。地震とその後の避難所生活を通して、Gさんはもう一度ひとと共に生きる力を取り戻していかれた。同じ境遇の避難者さんやボランティアさんたちと共にわかちあった食卓は、Gさんに、人と共に生きる勇気をもたらす経験となっていったのです。

食卓で力づけられたザアカイ

イエスさまが、孤独の中にいたザアカイという人と食卓をともにする、というお話しがあります。ザアカイは徴税人であったために人々から疎まれ、そのことによって傷つき、周囲に対して心を閉ざして生きてきました。仕事に執着し、そのことによって人々と関係を結ぶことから逃げていたのです。イエスさまはこのザアカイの家の客となります。そしてともに食卓を囲むことによって、ザアカイの抱えてきた閉ざされた思いを聞き取っていったのです。ザアカイとイエスさまは、食卓でいろいろな話をしたでしょう。食卓を通して語り、聴くという経験が、ザアカイの閉ざされた心を溶かしていきます。ザアカイはイエスさまとの関係の中で、閉じこもって暮らす自分の生活を終わりにすることを決意します。そして自分のために貯め込んでいた財産を人々に施すことによって、人々とのつながりの輪の中へと帰っていったのでした。そのザアカイを見てイエスさまは、「今日、救いがこの家を訪れた」「人の子は、失われたものを捜して救うために来たのである」、と語られたのでした（ルカ19・9－10）

最後になってしまったアパート訪問の折、震災の一年記念だからと撮影したGさんの写真は、そのままGさんの遺影になりました。祭壇にかざられた笑顔の写真は、「あの時は楽しかった。おかげで人とかかわる勇気をもらったよ」と、わたしたちに語りかけているようでした。

避難所メニューアラカルト⑥

ちくわ煮丼ときゅうりの卵とじ
豆腐のすまし汁

練り物が食べたいとのリクエストに応えて大量のちくわが届けられた

七章　エマオへの途上　―食卓のはじめと後に

「わたしを苦しめる者を前にしても、わたしに食卓を整えてくださる」

詩編23・5

牧師の出番

夕方、一日の働きを終えてみんなが避難所に帰ってきます。会社で仕事をしたり、学校で勉強をしてきた避難者さん。また自宅を片付けたり、家探しに行ってきた避難者さんもいます。そこに、その日の支援を終えて教会に帰ってきたボランテイアさんたちが加わります。キッチン担当の教会員さんたちがつくった料理の配膳を、子どもたちも手伝います。配膳が終わり、みんなが食卓についたところで牧師の出番です。この避難所では、日々の食事の前にお祈りをする役割が、牧師に与えられているのです。

一般論として、宗教施設が避難所を運営するときに最も行ってはならないことは、信徒ではない避難者さん方に宗教行為を強制することだといえます。それは正しいと、今でもわたしは思っています。けれどもあの朝わたしは、巨大地震に直面して発する言葉さえ失っておられる方々を前に、「お前に何ができるのか」と問われていました。この方々に、寝る場所、食卓を備えることと同時に、同じ被災者のひとりとして慰めと希望を語ること。それが教会の牧師として、またそれ以前に、地域に生きる宗教者のひとりとして、わたしの務めであると感じられたのです。あの被災直後の明け方、駐車場に用意された食卓の席で、食前の祈りをささげました。それは期せずして、〝それでも〟生かされている事への感謝。「わたしを苦しめる者を前にしても、わたしに食卓を整えてくださる」神さまへの賛美の祈りとなりました（詩編23・5）。困難に直面し、不安の中で語るべき言葉を見失ってしまうような時であっても、宗教者として、またキリスト者として、祈りが与えられていることに感謝した瞬間でもありました。

あの朝の食前の祈りをきっかけに、避難所の食事にあたっては、できるだけその場のみんなが食卓につくこと。そして祈ってから食事を始めることがこの避難所の習慣となっていきました。みんなで食事をともにするという経験は、避難者さんたちの共同性を高めます。そして避難所の共同性が高まっていくにつれ、食卓をめぐる役割分担も自然に生まれていきました。教会のキッチンで食事を準備するのは教会員の避難者さん。食事のあと洗い物をして食器を片付けるのは地域からの避難者さんという具合です。そして、いつもばたばたと走りまわってそのどちらにも加わらない牧師の食前のお祈りも、そうした役割分担のひとつとなっていったのです。とてつもない災害に見舞われ、我が身の不運を嘆いたり、行政の不作為に憤ったり、将来への不安に心が押しつぶされそうになる避難者さんたち。そのただ中にあって、与えられている恵みを数えて感謝すること。家族を失ったり、心身に傷を負ったり、さらに困難な状況の中にある人たちのことを覚えて神さまの働きを願うこと。そしてこのような厳しい状況に置かれているわたしたちではあるけれども、将来に向けて、それでもお互いが助けあえるようにと神さまの導きを願うこと。被災者として、被災者とともに、被災者のために祈る、得がたい役割を与えていただいたのでした。

　また夕食の前には、お祈りだけではなく教会避難所からのお知らせや相談、行政からの連絡や被災者に必要な情報のわかちあいも行いました。みんなで歌を歌ったり、被災後の心のケアのための簡単なアクティビティが行われることもありました。気が沈みがちになる避難所生活を少しでも気持ちよく過ごせるように工夫していくこと。それは教会の用語を使うならば「牧会」といいうるような、大切な牧師の役割分担でした。

避難所の食卓に支援者も加わっていく

　そして、ごはんも作らず、お皿も洗わない牧師には、もうひとつの大事な役割がありました。それは、夕食後にデザートを配ることです。避難所には、いろいろなお菓子の支援も届けられます。ところが、地域からの避難者さんたちは食事を提供してもらうことへの申し訳なさからか、食後すぐに席を立ってお皿洗いに行きたくなるのです。そんな避難者さんたちをしばし席にとどめ、お茶を飲みながらたわいもない世間話をする。そのわずかばかりの時間を確保するために、支援でいただいたお菓子を配って歩くことも、牧師の大切な役割でした。食卓をわかちあうということは、単に同じものを食べることでも、同じときに同じ場所で食べることでもでもありません。席を同じくしてひとつのパンを裂いてわかちながら、愚痴を聴いてもらい、嘆きや喜びをともにし、日々の出来事をわかちあう。祈りをともにし、心を動かし、希望を語りあう。そうしたささやかな時間の共有によってこそ、魂が癒され、心が励まされ、もう一度自分の人生を取り戻していく。そのための勇気が与えられていくのです。そのために、食前の祈りの時間から、食後のデザートの時間までを含めて、健軍教会避難所の食卓は、計り知れない大きな役割を果たしたのです。

ある避難者夫婦の祈り

ある日、いつものように食後のデザートを配っていたわたしは、食卓の片隅でHさんがうつむいて何かを呟いておられるのに気づきました。よく見ると、となりに座っておられるIさんも同様にしておられます。HさんとIさんは、教会の近くのアパートに住んでおられたご夫妻でした。少し気になりながらも声をかけづらく、そのままやりすごしてしまいましたが、ずいぶん後になってHさんからその時のことを聞かされて、びっくりすることになりました。

地震翌年のクリスマス。おふたりは健軍ルーテル教会で洗礼を受けて教会員になりました。この年、健軍教会で避難生活を過ごされた方々の中から生まれた三人目と四人目の受洗者でした。

四月一四日の一回目の地震の夜、お住まいであった教会の裏手のアパートは被害が大きく、ご夫妻はすぐに教会へと避難してこられました。そのまま一夜を過ごし、朝になって自宅に帰られたのですが、その日の深夜にさらに大きな本震が発生。となりのアパートに住んでおられた息子さんのご伴侶が、真っ青な顔で、歩くことに不自由があったHさんを車イスに乗せて、教会の駐車場へと駆け込んでくださいました。

何度も余震に襲われる長い一夜を過ごしたあと、ようやく朝を迎えました。女性会の方々が準備してくださった朝ごはんが駐車場の食卓に並びます。誰ともなく準備されたおにぎりに手を伸ばそうとしたとき、わたしがやまれぬ思いから、その場におられた方々に断って、食前の祈りを捧げたことを、ご夫妻は深く心にとめておられたのです。

ご夫妻の悩みは、アパートの大家が不親切だということでした。修理が必要だからとにかく退去して欲しいの一点張り。馴染みのあるこの地域に住み続けたいのだけれど、おふたりの収入ではそれも厳しいかもしれないと思うと不安が募りました。幸いだったのは、避難所の食卓での話題から、近所の不動産情報を耳にしたことです。そこで大家との交渉をあきらめ、早々に次のアパート探しに移ることができました。体調も万全とはいえない中、ご夫妻は手を取りあって近隣の不動産屋まわりをはじめます。教会のある健軍一帯は、震源地である益城町に隣接していて、益城町で家を失った方々が大勢流入してこられた地域でした。あと少しタイミングが遅ければ、入居可能な物件はすぐになくなっていただろうと思います。早めの行動が功を奏したのです。そ

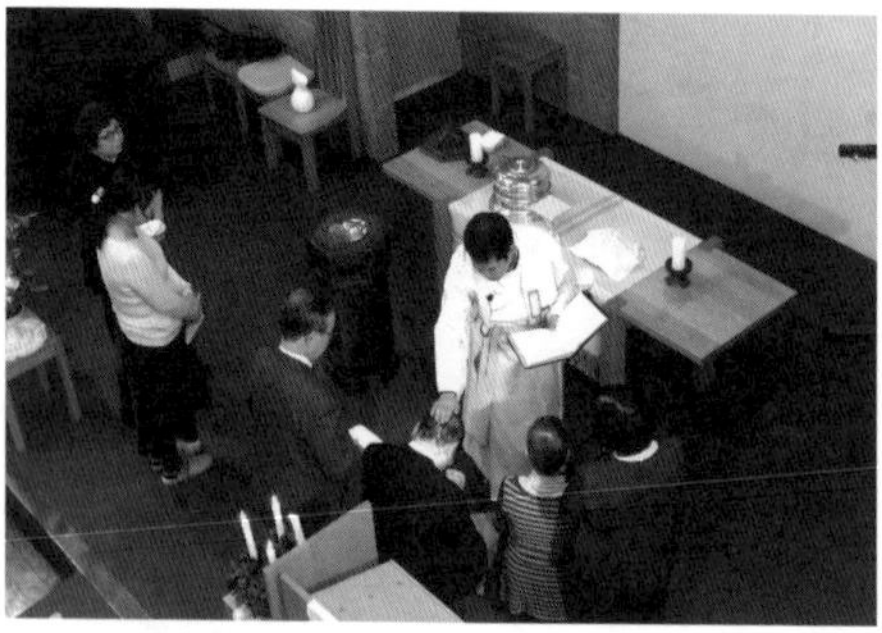

翌年行われたＨさんとＩさんの洗礼式

れで、すべてが希望通りとはいきませんでしたが、元のアパートからも教会からもそう遠くない場所に、それなりの物件を見つけることができました。ご夫妻は、避難所で生活するようになってから、教会で行われる日曜日の礼拝に出席なさるようになりました。そして、ボランティアさんたちの協力を得てなんとか引っ越しを終えた後も、日曜日の教会通いを続け、そして翌年のクリスマスに洗礼へと導かれたのでした。

新居に引っ越していかれる間際、Ｈさんが、おふたりの新しい生活習慣について教えてくださいました。「牧師先生、わたしらはごはんを食べる前にもお祈りしますが、ごはんが終わった後にもお祈りしています。本当にこうして無事にご飯が食べられることは、神さまのおかげだからです」。クリスチャンホームで育ったわたしは、食前に祈りを捧げることを永年の習慣としてきました。けれども食事の後の感謝の祈りにまで思いが向くことは、これまで一度もありませんでした。神さまと出会って間もないご夫妻から、感謝すること、祈ることの大切さを教えていただいたことに、牧師としてははずかしい思いでした。そして、大地震という大変な経験を通して、Ｈさん、Ｉさんとの出会いを与えて下さった神さまの計画の不思議さに、改めて驚かされたのでした。

イエスさまと出会う食卓

ゴルゴダの丘の上でイエスさまが十字架につけられ、命を落とされてから間もない頃のことです。イエスさまの復活の出来事を伝える、不思議な食卓の様子が聖書に記録されています（ルカ24・13－35）。イエスさまが復活されたとされる日曜日のこと、そのことを知らない二人の弟子が、エルサレムからエマオという町に向かっていきます。世を救う方だと望みをかけていた自分たちの先生が、十字架につけられ息を引き取ってしまわれた。そしてそのご遺体すらも消え去ってしまったという。もはや希望は潰えたという思いで、二人は足取り重くエルサレムを後にしたのです。するとその旅の途上、見知らぬ旅人が話しかけてきました。旅人は、「救い主は苦しみを受けてから栄光の復活を遂げると聖書に書いてあるではないか」と、歩きながら旧約聖書の預言について語り聞かせてくれたのです。弟子たちはその教えに驚き、ぜひにと引き留め、ともに宿に入って食卓を囲みます。そしてその旅人が「パンを取り、賛美の祈りを唱え、パンを裂いて」渡されたその瞬間に、二人は目の前におられるのがイエスさまご自身だと気づいたのです。けれどもイエス様は姿を消され、二人はもはや、その姿を見ることが適いませんでした。それでも二人は、「道で話しておられるとき、また聖書を説明してくださったとき、わたしたちの心は燃えていたではないか」と語りあいます。そして、イエスさまの復活を証しするため、エルサレムにいる他の弟子たちのところへ、急いで戻っていったのです。

イエスさまは、この小さな食卓での祈りと、パンを分ける行為を通して、絶望の中にあった二人の弟子たちに希望を与えられました。イエスさまはまた、熊本の大地震によって生まれた小さな教会避難所の食卓に、祈りと、パンを分ける行為を通して、人々に希望を与える役割を与えてくださったのでした。

避難所メニューアラカルト⑦

カップラーメン

日曜ランチはキッチンの休日。『カップ麺の日』と定められた

八章　足を洗われるイエスさま　―食卓から送り出される

「あなたがたも互いに足を洗い合わなければならない」ヨハネ13・14

こどもの日の卒業式

五月五日。この日の食卓には、ちょっと特別なメニューが並びました。子どもの日にあたって女性会の方々が腕をふるってくださったスペシャルメニューです。華やかなちらし寿司とお吸い物に、フルーツたっぷりのヨーグルトサラダが添えられました。さらに盛り皿には見慣れぬ野菜が盛り付けられていきます。教会避難所の働きを知った北海道の支援者から、段ボールいっぱいの行者ニンニクが送られてきたのです。熊本県民は誰も食べたことのない初めて見る野菜でしたが、キッチンスタッフはスマホ片手に首をひねりながら、美味しい天ぷらに仕上げてくださいました。

この日は、夕食を前にして、歌の上手な教会員さんの歌唱指導のもと、みんなで童心にかえって二種類の「鯉のぼり」の歌を歌いました。避難所の一日の中でも、みんなが一番リラックスし、ほっとする時間です。新しい避難者さんや、はじめてボランティアに来られた方があれば、ここで自己紹介をしました。またこの時間は、この食卓から旅立つ人を送り出す時でもありました。

子どもの日のご馳走

声をあわせて唱歌を歌う

ライフラインが整ったり、自宅の修理の目処が立ったり、新しく住む場所が見つかって引っ越しの段取りが整った人たち。この人たちの旅立ちを、この避難所では「卒業」と呼んで、祈りによって祝福して送り出すのが常でした。翌日に「卒業」を控えた避難者さんは、ここで卒業の挨拶をします。卒業していく人は誰もが、「この避難所での日々を糧にして頑張ります」、と決意を述べられました。それはこの教会避難所が、単に寝るため、食事をするためだけの場所ではなかったこと。同じ傷を抱えた者同士が関係を結びあい、励ましあっていく、わかちあいの共同体であったことを述べているのです。

そんな卒業式でなされた、Jさんというお父さんの挨拶が心に残っています。そのお父さんはきっと、優秀なサラリーマンであろうと思います。小学生のこどもが二人いる四人家族で、教会の近くの一軒家にお住まいでした。幸いなことにJさんのお宅は倒壊を免れたのですが、水道の復旧に長い時間を要しました。それで家族で教会に避難して来られたのです。ようやく水道工事が終わって自宅に戻られることになったとき、その前日の卒業の挨拶で、Jさんは次のように話されれました。「自分はこれまで、自分のことは自分でできる。自分の力で生きていけるという自負がありました。けれども今回ここでしばらく生活させていただく中で、やっぱり人間は助けあわないと生きていけない、ということがよくわかりました。その学びに感謝しています」と。そしてJさんは、すぐにその思いを実行に移されます。Jさんは、自宅に戻られた後も、教会が泉ヶ丘小学校ではじめた炊き出しのボランティアに、ご家族みんなで参加なさるようになったのです。

いざ、泉ヶ丘小学校へ

実はこの頃、健軍教会は教会を避難所として開放するだけではなく、学区を同じくする泉ヶ丘小学校での炊き出しもスタートさせていました。きっかけとなったのは、泉ヶ丘小避難所の食糧事情が逼迫しているようだ、という一本の電話でした。そんなことがあるだろうかと思い情報を集めてみました。わかったことは、公的避難所の食事は、避難所ごとの判断によってパンや弁当などを注文するシステムになっているということでした。当時の泉ヶ丘小避難所の担当者が、レトルト食品のストックがたくさんある、という理由から食事の注文数を絞っていたのです。さっそく避難所の担当者にかけあって注文のシステムを改善してもらいました。それで一応人数分の食事が届くようにはなったのですが、朝はおにぎり、昼はパン、夜はお弁当。そんな生活が二週間も続けば、たとえ必要なカロリーは満たしていたとしても気持ちの方がまいってしまいます。そこで担当者と交渉して一週間に二回、この避難所での炊き出しを許可してもらいました。近隣の公園で生活しておられる方々の分を含めて一三〇食分の晩ごはん。これを教会の台所で準備して小学校に持ち込み、配食するという計画です。協力を呼びかけたところ、教会員さん、ボランティアさん、そして教会で生活している避難者さんたちも積極的に調理と配食に加わってくださいました。避難者さんたちにとっては、支援されているけれども支援する者でもある、という相互の関係性はご自身の力にもなるのです。Jさんは、このボランティアにご自宅から家族総出で参加してくださったのです。

考えてみれば、協力してくださる教会員さんも教会避難所にいる方々も、みんな自分の家の片付けもままならず、大変な状況にあるのです。今後に向けた明るい展望が描けるような状況でもありませんでした。それでも自分が助けられる喜びよりも、誰かを助けることができる喜びの方が大きかったのです。いろんな人たちが入り混じって力を出しあう中で、この炊き出し計画は実現していきました。温かい白ごはん。それに煮物や煮魚、おひたしなどできるだけ地震の前に毎晩食べていたようなおかず類を用意してもらいました。教会員の中には、この泉ヶ丘小避難所のために、毎晩お味噌汁を準備して持ち込んでくださる信徒さんもおられました。また教会避難所の活動を知った全国の支援者さんも、いろいろな食材を送ってくださるようになりました。こうして、普通の家庭で普通に食べていたようなご飯とおかずを、お茶碗とお箸で食べていただく。自宅で食べていた時とできるだけ近い食卓を備えるための、みんなの協力体制がうまれていったのでした。

しばらくすると少しずつ小学校の避難者さんたちの人数は減り始め、状況も改善していったため炊き出しは週に一回になりました。そして最初は列に並んで取りに来てもらっていた食事を、ボランティアさんに運んでいっていただく形に改める事が出来ました。そしてさらに人数が減ってきたタイミングで、他の支援グループの人たちとも相談して、避難所の管理者さんに食卓についての働きかけをしました。その結果、体育館の入口付近に常設のテーブルを設置してもらうことができました。そこでようやく、避難者さんたちが集まって食事をすることができる食卓を設営することができたのです。効果はてきめんでした。広い体育館に点在し、バラバラに食事をしていた避難者さんたちが、互いに誘いあって一緒にごはんを食べるようになっていきました。そのことで、頻発していた避難所内の人間関係のトラブルを減少させることができたのです。こうしてこの泉ヶ丘小での出張炊き出しは、この避難所の最後を見

泉ヶ丘小学校での炊き出しに取り組む

届けるまで、多くの人たちの協力によって継続されていきました。Jさんも、自宅の片付けも仕事も、という忙しい日々の合間を縫って、子どもたちとともに最後までこのボランティア活動への参加を続けられたのでした。

足を洗われるイエスさま

ご自身が逮捕されることになる夜、イエスさまはお弟子さんたちとの別れの食卓を囲まれました。いわゆる最後の晩餐です。この大切な食事の最中に、イエスさまは突然、席から立ち上がられます。そして上着を脱ぎ、たらいに水をくんで弟子たちの足を洗い始められたのです。「おやめ下さい」とびっくりするお弟子さんに、イエスさまは「もしわたしが洗わないのなら、あなたはわたしとのつながりを失ってしまうことになる」と教えられました。

弟子たちの汚れた足をひとつひとつ洗い、拭われるイエスさまのお姿は、きっと美しかったと思います。物わかりの悪い弟子たちを愛おしみ、訪れようとしている別れを惜しむかのように。あるいは苦楽をともにしてきた弟子たちねぎらい、いたわるように。イエスさまは旅に疲れ、埃にまみれた弟子たちの足を洗い続けられました。一二人全員の足を洗い終わると、イエスさまは席に戻って弟子たちに語りかけられます。「わたしがあなたたちの足を洗ったように、これからはあなたたちが、お互いの足を洗いあうのだ」。

イエスさまは、国中をまわって神さまの愛の支配の到来を告げてまわられました。けれどもそれを、ただ口で説かれただけではありません。病の人を癒やし、障がいを持つ人たちを力づけ、からだ全体を使って人々に仕えていく。そういう仕方で、神さまの愛の支配を表わされたのでした。イエスさまは最後の晩餐の食卓で、これまでの宣教活動の意味を、もう一度ご自身の手と足を使って、弟子たちに示されたのでした（ヨハネ13・1－20）。

炊き出し活動のたびごとに、子どもたちを連れて小学校にやってきて、率先して食事を配って廻られたJさん。そのご様子は、「人は助けあわないと生きていけないのだ」という教えを、子どもたちにむかって、口ではなく、自らの身体全体を使って伝えようとしておられるかのようでした。その後ろ姿は、人々に仕え続けられたイエスさまの背中のように、熊本の美しい夕日に照らされて輝いて見えました。

避難所メニューアラカルト⑧

行者ニンニクの天ぷら

九州人には未知の野菜、行者ニンニクが北海道から届けられた

九章　天国の祝宴　―食卓がつないでいく

「町の大通りに出て、見かけた者はだれでも婚宴に連れて来なさい」
マタイ22・9

この上ないウェディング

　ゴールデンウィークのある朝、教会避難所はこれまでにない華やかな空気に包まれていました。避難者さんたちの寝室であるはずの礼拝堂はきれいに片付けられ、中央にまっ白な帯布が敷かれました。この日はここで教会員であるKさんとLさんの結婚式が行われるのです。開式の時間になってもウエディングドレスが届かない、というとんだハプニングにあたふたしつつも、なんだかいろんな人たちがごちゃごちゃと集まって、二人の門出を賑やかにお祝いしました。

　熊本中が傷ついて困難に直面しているただ中にあっての挙式。しかも住むところを失った避難者さんたちが寝泊まりしている礼拝堂を使って、結婚式など挙げてよいものだろうか。KさんとLさんは相当に悩まれたのです。けれどもわたしは、もし避難者さんたちの理解が得られるなら、この時この場所でこそ、予定通り二人の結婚式を挙げて欲しい。そしてできれば避難者さんたちも結婚式に参列出来るようにして欲しい、とお願いしました。そして新郎新婦の家族や友人、教会の人たち、避難者さんたち、さらに新郎の母国からオンラインで参加する親族も含めて、誰も彼もが祝福するハイブリッドな結婚式が実現したのです。当初集会室で計画していたお祝い会は、駐車場を使ったガーデンパーティーへと衣替えしました。青空の下で、新郎が焼いてきたウェディングカップケーキをパクつきながら、こんな素敵な結婚式が可能なのだということに、わたしも驚いていました。

いつでも誰もがその場所に集うことが出来、みんなで食卓を囲み、助けあい、イエスさまのメッセージから力をいただいていく。教会がそんな場所になれたらどんなにいいだろうか。けれども実際それは難しい。そんなふうにいつも思ってきました。けれどもこの日、人々の大きな痛みの中で、熊本地震はまさにそんな共同体をつくり上げたのです。それは「災害ユートピア」と呼ばれるような、一時的な経験であったのかもしれません。けれどもそこでは、地震で傷ついているはずの人たちもみんな、誰もが笑顔で若い二人を祝福していました。

ただ、そこには決して「ユートピア」だとくくることの出来ない厳しい現実も、確かに存在していました。そのことの痛みを、わたしは今でも心に刻んでいます。なぜならこの避難所も、決

この上ないウェディング

して誰もが集える場所ではなかったからです。

地震後数日間、健軍教会が避難所の運営をはじめたという情報が伝わっていく中で、わたしは何人かの教会関係の方から、健軍教会に避難させて欲しいという電話を受け取っていました。その誰もが、ご自身の窮状を訴えて連絡してこられたのです。そしてこの日結婚式を挙げられたKさんもまた、そのうちのおひとりでした。わたしは避難所運営の責任を担うなかで、おひとりおひとりのお話を伺いました。そしてその緊急度を判断しながら、時として要請を断る決断もしなければならなかったのです。限られたスペースしかない避難所に、どのような人を受け入れ、また断っていくのか。電話をくださった方の話ひとつで、わたしがその方の生活の有り様を判断していく。緊急避難的にスタートした私的避難所には、そのための基準を定めた運用規定も運営委員会もありません。ですから時に迷い、自問し、そこにみ心があるようにと祈りつつも、電話口で、厳しい判断を伝えなければならないこともありました。なんの資格があって自分はこんな選別を行っているのか。断ってしまったケースのひとつひとつに、深い後悔が残っています。そんな一瞬の判断の結果、KさんとLさんは、うち続く余震の恐ろしさに耐えながら、不自由なアパートでの生活を続けざるを得なかったのです。そうした不安と困難を乗り越えて、お二人はようやくこの日、この素敵な結婚式にまでたどりついたのでした。

招かれる人に基準はない

イエスさまは天国のことを、王さまが王子のために準備した結婚式の祝宴のイメージで語られました（マタイ22・1－10）。王さまは最初、家臣や貴族や金持ちたちを招きますが、この人たちはどういうわけか出席しようとしません。そこで王さまは家来たちに命じ、通りにいる人たちを誰彼なく呼び入れさせたので、この祝宴はお客さんたちでいっぱいになったというのです。イエスさまはこのたとえ話によって、当時の宗教家たちが神さまからの救いを独占しようとしていると批判なさったのです。宗教的エリートたちが、「割礼を受けた人」「戒律を守る人」「ケガレのない人」といった救いの基準を人々に押しつけていたからです。イエスさまは、神さまの愛はあまねく全地に及んでいるということを、この譬え話によって示されたのでした。

一方で避難所は、決してユートピアでも天国でもありません。突然の災害によって家を失った人たちが、生活再建までのひと時のあいだ身を寄せる、一時的な避難スペースにすぎないのです。教会もまた、避難所のために建てられているわけでも、そのために最適化されているわけでもありません。けれども地域に建てられた教会が、その教会の存在自体によって地域の人たちのために仕えていく。それは、キリストの愛を伝える教会の存在意義を深いところで再確認できる、恵まれた機会であり、教会に力を与える出来事でした。そしてこの時の健軍教会には、そのためのいくつかの条件がととのっていたのです。数十人が暮らすことのできるスペースと余震にも耐えられる堅牢な礼拝堂、共に食べることを大切にする教会の習慣、疲れを知らないキッチンスタッフ。そしてそれだけではありません。この役割を担っていくうえで最も大切であったのは、社会の中で小さくされている人たちの問題を、自分たちの課題として受けとめ支えていくこの教会の気風でした。避難所運営も後半になると、自立に向けて具体的な支援を必要とする方々が避難所に残されていきました。この方々とともに生活しながら、教会は、おひとりおひとりと寄り添い、最適な卒業のあり方を模索し続けました。教会は、自立を助ける積極的福祉避難所とでも呼ぶべき役割を担っていったのです。

できたしこでよかったい！

そしてもうひとつ大きな役割を果たしたのは、すでに少し触れたところの、ルーテル教会による支援チームの存在でした。ルーテル教会は地震発生後すぐに福岡エリアの牧師たちを中心とした対策本部を設置し、被災地への全面的な支援体制をとってくださいました。この対策本部は、間もなく「できたしこルーテル」という愛称で呼ばれるようになりました。「できたしこ」とは、熊本で「出来た分だけ」というニュアンスで使われる方言です。それほど大きな組織ではありませんから活動の範囲は限られますし、大きなＮＰＯのような組織だった活動が出来るわけではない。でも、だからといって立ち止まってしまうのではなく、自分たちに出来る分だけは支援していこうという肩の力の抜けた愛情あふれたネーミングでした。被災地では、「がんばろう熊本!!」というかけ声に象徴されるように、被災者さんもボランティアさんも、どうしても頑張りすぎてしまう傾向があります。けれども、そもそもみんな既に充分頑張っているのです。ですから支援チームのこの愛称は、被災者さんたちにも、ボランティアさんたちにも、「できたしこでよかったい」(出来る分だけでいいからね)、とやさしくねぎらうニュアンスで用いられたのです。

四章でも触れたように、大勢の避難者さんたちを抱え込んで、食糧危機に陥りつつあった教会避難所に、食料品を初めとする必要な物資を定期的に運んできてくれたのは、このできたしこルーテルの支援チームでした。その後、健軍教会避難所は、このできたしこルーテルと協力しあい、他県からのボランティアさんたちの宿泊施設の役割も担うようになりました。健軍教会には三階に畳敷きの倉庫スペースがあり、そこにボランティアさんたちの寝床を確保することが出来たからです。ボランティアさんたちは、夕方教会にやってきて避難者さんたちと食卓を囲み、三階でミーティングをして宿泊し、再び避難者さんたちと朝ごはんを食べて、被災地での働きへと出かけていきました。健軍教会避難所も、このチームの支援を受けていましたから、避難者さんたちはボランティアさんたちに愚痴を聞いてもらったり、困りごとを相談して、生活自立を助けてもらうことも出来ました。損壊してしまった住宅の修理や片付け、新しい住まいへの引っ越し、ガレキの処理。そんなたくさんの役割を、このできたしこルーテルのボランティアさんたちが担ってくださいました。元気なボランティアさんたちが笑顔でとなりに居てくださること自体に、避難者さんたちは大いに力づけられたのです。

Cさんとルーテル教会の新たな挑戦

ゴールデンウィークを境に、こうして生活自立を果たして、この教会避難所を「卒業」していくひとたちが増えていきました。そんな中に、後にこのできたしこルーテルの専従ボランティアとなったCさんの姿もありました。Cさんは、教会の近所に住んでいた笑顔の素敵なお母さんで、教会に避難してこられてからも、避難所の働きをいろいろと助けてくださる心強い避難者さんでした。教会には、視覚障がいを持つ息子さんのDさんとともに避難してこられましたが、早々に教会の道向こうのマンションを転居先にと定めて新生活をスタートさせました。

障害者センターに派遣されたＣさん

できたしこルーテルは、当初は市内の教会や系列施設の直接支援にあたり、次に健軍教会の関係する児童施設であり、公的避難所となっていた広安愛児園・こどもL・E・Cセンター避難所の運営支援の役割を担いました。そしてこの避難所が統合されて閉鎖されると、夏のあいだは、この施設があった益城町の自治会と協力して、地域のお宅のガレキ処理の活動に取り組みます。そして秋からスタートさせたのが、「被災地障害者支援センター熊本」という障がい者支援団体へのボランティア派遣でした。Cさんは、このできたしこルーテルから派遣される専従者として、このセンターの事務局スタッフを担ってくださるようになったのです。もともと教会とは何のつながりもなかったCさんでしたが、教会に避難してきたことをきっかけに、その教会から派遣される形で地域の支援団体で働くことになったのです。これはなかなか不思議なつながりでした。またシンガーソングライターでもある息子さんのDさんは、この避難生活をきっかけにこの教会で洗礼を受け、そして避難所や仮設住宅をめぐって、被災者さんたちを励ます歌を歌ってまわるようになりました。教会は、信徒であっても信徒でなくても、教会を通して人と人とをつないでいくことができる。そのつながりによって、地域の中で求められる役割を果たしていくことができる。CさんとDさん親子のその後の活躍は、そんな教会の可能性のひろがりを感じさせる出来事でした。

避難者さんたちを歌で力づけるＤさんの働き

避難所メニューアラカルト⑨

イワシの大葉揚げ、ナスの田楽、
卵焼き、しそジュースゼリー

人数が減ってきた頃には少し手の込んだ料理も
振る舞われた

一〇章　ふたたび最後の晩餐から　―わかちあいの食卓

「わたしがあなたがたを愛したように、あなたがたも互いに愛し合いなさい」
ヨハネ13・34

教会避難所最後の日々

五月も最後の一週間を迎えたある日、人数が減って少しさびしくなった避難所の食卓に、女性会の方々が用意してくださった心づくしの料理が並びました。いよいよこの教会避難所から最後の避難者さんが自宅に戻り、この避難所は解消の時を迎えるのです。食卓では、この避難所との出会いのことからはじまって、避難所で行われた結婚式のことや小学校での炊き出しのこと、慰問においでくださった方のチェロの音色や、教会の駐車場に身を寄せている避難ネコの今後のことなど、想い出話はつきることがありません。誰かが、「これがほんとの、最後の晩餐だね」、とつぶやき、みんなが静かにうなづきます。この教会避難所で過ごした想い出は、今となってはなぜかどれも、忘れがたい、楽しい思い出なのです。

この一週間、教会避難所では「卒業」が相次ぎました。月曜日には、アパートの全壊で住むところを失ったAさんとBさんが、ケアマネージャーさんが必死で捜してきてくれたサービス付き高齢者住宅に入居することができました。今度は管理者さんもいる高齢者向けの住宅ですから、目のご不自由なおふたりにとっては、これまで以上に安心できる環境です。「これまで九〇年以上も生きてきて、いろんな大変な思いもしてきたけれど、人生の最後になってこんな大変なことがあるとは思いもよりませんでした。けれど、みなさんには本当にお世話になって、神さまが助けてくださったのだと思います」。いつも丁寧な物言いをなさるAさんが、涙を流して感謝の言葉を述べられました。

しずかな笑顔で迎えた卒業の日

　避難所で、かいがいしくおふたりのお世話をしてくださったフィリピン人のお母さんも、避難者仲間のFさんが自宅の水道を直してくれたおかげで、ようやく自宅に戻れることになりました。

　水曜日はGさんの引っ越しです。県庁避難所で三日間何も食べることができずにこの避難所に移ってきたGさんでしたが、当初よりも幾分ふっくらとなさいました。そして何より、来たときには厳しかった顔の表情が柔らかい笑顔へと変化をとげています。子どもの頃から暮らしてきた自宅と家財道具の一切を失ってしまいましたが、それにまさる何かを得たような、やさしい笑顔での卒業でした。

そして日曜日の朝。礼拝堂では、避難者さんたちが使ってこられた布団が片付けられ、イスで作った間仕切りも取り払われました。避難者さんたちの寝室であった礼拝堂は、六週間ぶりにその本来の役割を取り戻しました。教会の電話設備を皮切りに、多くの避難者さん宅を修理してくださったFさんは、被害の大きかった西原村の自宅へと戻られ、自宅の片付けに苦戦しておられたEさんも、ボランティアさんによる集中片付け期間を経て娘さんとともに自宅へと戻られました。

礼拝、礼拝堂に帰る

教会は、できたしこルーテルをはじめとするボランティアさんたちの宿泊所の役割を維持しました。それでも、長期にわたる泊まり込みで、自宅の片付けを後回しにしてこられたキッチンスタッフの方々も自宅に戻ります。こうして一日三食配食体制は終了することになりました。そして時を同じくして、これまで集会室で守られてきた主日礼拝も、ようやくこの日、礼拝堂に帰ってくることになったのです。

この頃、学校などの公的避難所も閉鎖が相次ぎました。けれども、公的避難所が、複数の避難所を統合する形で「集約」されていったのに対して、この教会避難所では、避難者さんたちの全員が、自分の住まいを確保した上で、避難所の役割を「解消」することが出来たのです。その背

家で食べるようなメニューを避難所でも

景には、ボランティアさん達の手厚い支援とともに、避難所の食卓を通して育まれた、避難者さんたちの自立心があったのでした。

このようにして、最後の避難者さんたちがこの教会避難所を卒業なさったのは、五月の最後の日曜日のことでした。この日の礼拝の後、わたしは女性会の会長さんにある相談をもちかけました。その時の会長さんの言葉を、わたしは今も忘れることができません。教会避難所の働きはようやく終わりを迎えたものの、わたしの心には、まだ閉じることのできない泉ヶ丘小学校避難所の人たちことがひっかかっていたのです。そこで女性会長さんに、おそるおそる「泉ヶ丘小学校避難所への炊き出しを当面継続できないか」と相談したのです。とはいえ、これは自分で口にしておきながら、なかなか厳しい相談であったと思います。女性会の方々といっても、程度の差こそあれみなさん地震の被災者です。自宅がひどい状況にあることは誰も同じです。それでも四五日間にわたって朝昼晩、一日三食の食事を作り続けてくださった。ご自宅の片付けよりも教会避難所の働きを優先してくださったのです。ですから「次は自分の家を片付ける番だ」というのが自然な考えでした。けれどもこの時に会長さんは、「先生、やらない理由はありませんね」と、ふたつ返事でこの提案を引き受けてくださったのです。そして実際、女性会の方々のみならず、教会の方々、ボランティアさんたち、そして卒業していった元避難者さんたちも加わって、この小学校での炊き出しは、泉ヶ丘小学校避難所が閉鎖される七月三日まで続けられていったのです。それは、イエスさまが建ててくださった教会のひとつのあるべき姿を、この教会の方々が身をもって体現してくださった出来事だったと思います。

パンをわけつづける

イエスさまの最後の晩餐は、イエスさまが逮捕される夜に、エルサレムの町の二階屋でおこなわれた食卓の経験でした。その食卓でイエスさまは、パンを裂いて弟子たちに配り「これはわたしの体だから、これからもわたしを思い出して、このようにパンをわけあって食べなさい」と教えられました。そして別れの予感に不安を覚える弟子たちの足を洗い、「わたしがこうやってあなたたちを愛したように、これからはあなたたちがお互いにこうして愛しあいなさい」と、その手と足を通して教えられたのです。

それは、弟子たちとの別れを前にイエスさまがただ一度行われた、足が洗われ、パンが裂かれる、というわかちあいの食卓でした。そしてそのただ一度の食卓は、礼拝での聖餐式と隣人愛の精神という、教会にとって最も大切なふたつの伝統として、今に至るまで生き続けることになったのです。

健軍教会もまた、この避難所の運営を通してキリスト教会の豊かな伝統につらなることが出来ました。この避難所での日々は、健軍教会の七〇年ほどの歴史の中で、今のところはただ一度だけの経験です。大地震に被災するような経験は二度と繰り返したくはありません。けれどもこの時、この教会が担った、わかちあいの食卓という愛の働きは、何度でも繰り返されるべき、「互いに愛しあいなさい」というイエスさまの教えの実現に他ならなかったのです。

わかちあいの食卓は閉じられない

二〇二〇年、二〇二一年と、わたしたちは、COVID-19という新型感染症による新しい状況に直面し、食卓を通して励ましあい、力づけあうことを厳しく制限される日々を生きています。けれどもイエスさまご自身が、こうした病に怯まれる方ではなかったことは、聖書が証ししています。旧約聖書は、感染症から共同体を守るために、ケガレと清めについての厳密な規定を設け、それを宗教的に運用することによって感染症の影響を遠ざけようとしました。現代を生きるわたしたちにとっても、最新の正しい科学的知識にもとづいて、予防的生活習慣を身につけることは大切な事です。一方で、行き過ぎた運用がなされるようになってしまった宗教規定を、イエスさまが大胆に更新なさっていく様子もまた、新約聖書に豊かに描かれています。病人を隔離し、遠ざけること。清めの規定を厳しく運用することで社会にうまく適応できない人たちを疎外していくこと。イエスさまは、そのように社会からはじき出されてしまった弱い立場の人々にこそ、自ら近づかれます。隔離し、遠ざけ、疎外することではなく、歩み寄り、交わり、共同体に再統合していくことによって、神さまの愛の形を示されたのでした。

この新しい感染症によって、教会は空間をともにする礼拝の停止に追い込まれ、各地の炊き出しや子ども食堂などの支援活動も、休止や形態の変更を余儀なくされました。聖餐をともに出来ない、助けあいの食卓をひらくことが出来ない、という新しい事態の中で、これまでイエスさまの食卓をわかちあうことによって力をいただいてきたわたしたちは、どのようにこれを越えていけるのか、新しいチャレンジの前に立たされています。けれどもわたしたちは、なによりイエスさまが、こうした壁の前に立ち、それを乗り越えて前にすすまれたことを思い起こしたいと思います。ともに食べること、食卓をわかちあうこと。それは、教会が長い歴史の中で幾度も経験してきた存立の危機にあって、たとえひととき立ち止まらなければならない瞬間があったとしても、それでもずっと、わたしたちの教会の伝統であり続けてきたからです。

最後の日々、食卓の人数も少なくなった

六月の最初の日曜日、健軍教会の主日礼拝では、熊本地震の発生以来はじめて聖餐式が行われました。礼拝堂の大きな聖卓のまわりには、避難所を卒業していった幾人かの元避難者さんたちも集われ、ともに祝福に与りました。一ヶ月半の避難所の運営を通して食卓をわかちあい続けて来た教会にとって、感慨深い聖餐のわかちあいでした。最後の晩さんに起源をもつこのイエスさまの食卓のわかちあいは、健軍教会がこの一ヶ月半のあいだ避難者さんたちと共にしてきた避難所の食卓と、わかちがたく結びついている。わたしは久しぶりに聖餐を司式しながら、改めてその思いを強くしていました。

この日も、午後から泉ヶ丘小学校での炊き出しが行われました。教会員さんたち、ボランティアさんたち、そして元避難者さんたちも加わって、教会のキッチンで準備した温かい食事が、手際よく小学校の避難者さんたちに配られていきます。当初は、体育館の床に座り込んで食事をしておられた泉ヶ丘小の避難者さんたちも、今ではお互いに誘いあって、体育館の入口に設置されたテーブルを囲み、食卓の会話を楽しんでおられます。その様子は、たとえ健軍教会避難所の役割が終わり、その食卓が閉じられたとしても、イエスさまの食卓が閉じられるのではない。これからもイエスさまの食卓は、どんな時代の教会や地域にあっても、イエスさまの愛がそそがれるすべての食卓において記念され続けていく、わたしたちのわかちあいの食卓であるのだ。わたしにそのような、温かな確信を与えてくれたのでした。

避難所メニューアラカルト⑩

鶏と野菜の卵雑炊

最後期、避難所は実質的に高齢者向け福祉避難所でもあった

おわりに

あの時、あの場で何が起きていたのか。健軍教会避難所の物語をいつか書かなければならないという思いがありました。若い頃に大阪の釜ヶ崎や京都の東九条で、「現場でこそ聖書を読みなさい」と教えられたことを思い起こせば、義務のようなものだとも感じていました。ただそれはきっと現職を退いた後のことになるだろうと、なんとなく思い込んでいたのです。ところが、被災地熊本を離れて二年。新型感染症の蔓延という想定外の出来事が背中を押しました。移動を禁じられ、家の中に閉じ込められるような日々が続いたからです。それにもまして思いが強められたのは、この一年間、ともに食べることを制限する動きが拡がったことです。食卓をともにする場では距離を置くことと黙することが求められるようになりました。聖餐と愛餐、つまり礼拝と隣人愛を働きの両翼としてきた教会にとって、羽ばたくことを禁じられたに等しい、痛みをともなう経験でした。多くの人が孤立し、傷ついていく物語を耳にしました。わかちあいの食卓にこそ癒やしと立ちあがりをもたらす力がある。そのことを熊本で経験させていただいた。その食卓の物語を今書かねばならない、と思わされたのです。

五年前、二晩連続して震度七の激震に襲われた熊本の片隅で、多くの方々が思いを寄せ、ご支援くださった健軍教会避難所の取り組み。祈り、手を差し伸べてくださった方々への感謝は尽きません。また、ともに走ってくださった健軍教会とそこに連なるみなさん、そしてそこに在ることによって教会避難所を強めてくださった元避難者の方々。ここで取りあげることのできなかった出会いもまた、深く心に刻まれています。ともに物語を紡いでくださいましたことに心から感謝いたします。

熊本では、二〇一六年の地震後も台風や豪雨による被災が繰り返されています。また災害は熊本に留まらず、感染症の蔓延もまた、新たな災害のように社会の中で小さくされた人たちを打ち続けています。そこに手が差し伸べられるならば、差し伸べた人こそが元気にされていく。その現場に立ちつづけておられる方々のニュースに、尊敬の思いを強くします。この小著の売り上げの一部を、そうした働きの一翼を担う日本福音ルーテル健軍教会若枝奨学会被災学生生徒奨学金に献げさせていただきます。

最後に、執筆中から何度も相談に乗ってくださり、出版に向けて励ましてくださった宮本さおりさん、素敵な装丁をあつらえてくださった村上あゆみさん、出版の労をとってくださったかんよう出版の松山献さんに、厚くお礼を申し上げます。そしてもちろん、わたしを育て、生かし続けてくれている小泉家と安藤・小泉家の食卓の担い手に最大の感謝を。

熊本地震五年　二〇二一年四月　函館にて

小泉　基

〈著者紹介〉

小泉　基（こいずみ・もとい）

1968年、京都市生まれ。宇部市・下関市にて育つ。同志社大学神学部、日本ルーテル神学校卒業。学生時代より京都東九条での地域活動に参加。1995年阪神淡路大震災時、ルーテル教会の救援活動に従事。エキュメニカル青年運動専従、日本キリスト教協議会幹事等を経て2004年牧師按手。赴任した日本福音ルーテル健軍教会では関係5施設のチャプレン及び甲佐教会（一時長崎・唐津教会）を兼務。2016年熊本地震にあたり教会避難所を運営。2019年より日本福音ルーテル函館教会牧師。遺愛学院女子高等学校講師。

わかちあいの食卓—熊本地震・教会避難所45日—

2021年4月14日　発行

著　者　小泉　基

発行者　松山　献

発行所　合同会社 かんよう出版
〒530-0012 大阪市北区芝田2-8-11　共栄ビル三階
電話 050-5472-7578　FAX06-7632-3039
http://kanyoushuppan.com

装　丁　村上あゆみ

印刷・製本　有限会社 オフィス泰

ISBN 978-4-910004-24-2　C0016　

『あの時わたしは…　熊本地震と健軍ルーテル教会』
本文でも触れられている日本福音ルーテル健軍教会の、熊本地震活動報告・被災者文集（2017年4月）は、まだもう少し残部があるとのこと。日本福音ルーテル健軍教会（〒862-0908熊本市東区新生2-1-3電話096-368-2917 kengun@jelc.or.jp）までお問い合わせください。

若枝奨学金・熊本地震被災学生生徒奨学金
日本福音ルーテル健軍教会が運営する奨学金事業。健軍教会が関係する3つの児童福祉施設を卒園して進学する学生の学びを支えることを主な事業とする。熊本地震にあたって最も困難な中にある学生生徒に被災学生生徒奨学金を支給した他、新型感染症蔓延下にあって苦境に立たされることになった熊本出身の大学生への支援も担った。
支援先　郵便振替「健軍教会若枝奨学会」加入者番号：01770-2-123757